Hermann Vinke

Der Erste Weltkrieg

Vom Attentat in Sarajevo bis zum Friedensschluss von Versailles

Illustrationen von Ludvik Glazer-Naudé

GERSTENBERG

Hermann Vinke, geb. 1940 im Emsland, Historiker und Journalist, war nach Studium und Redakteurstätigkeit beim NDR viele Jahre als Auslandskorrespondent für die ARD und als Programmdirektor bei Radio Bremen tätig. Dem Autor preisgekrönter Jugendsachbücher ist es ein besonderes Anliegen, der jüngeren Generation einen Bezug zur eigenen Geschichte zu vermitteln.

Einband: Die obere Abbildung zeigt die Abfahrt eines Truppentransports auf einem Berliner Bahnhof am 28. August 1914. Unten ist ein abgestürztes deutsches Kampfflugzeug zu sehen.

4. Auflage 2014

Einband, Gestaltung, Satz
Farnschläder & Mahlstedt, Hamburg
Karten (S. 15, 37, 45 und 59) Peter Palm, Berlin
Grafik (S. 54) Farnschläder & Mahlstedt, Hamburg
Fachliche Durchsicht Marie Reinhardt, Gießen
Druck Interak, Czarnków
Printed in Poland
www.gerstenberg-verlag.de
ISBN 978-3-8369-5582-9

Inhalt

Dritte Schlacht bei Ypern (Belgien) im Herbst 1917:
Alliierte Soldaten verharren in Erdlöchern. Ihr Panzer steckt im Gelände fest.

Die Urkatastrophe des 20. Jahrhunderts

Der Erste Weltkrieg – die »Urkatastrophe« des vergangenen Jahrhunderts, wie der Krieg später oft genannt wurde – hat fast jede Familie in Deutschland und Europa heimgesucht. Der Krieg dauerte vier Jahre. Er begann mit einem Mordanschlag auf dem Balkan in Südosteuropa und endete mit dem Tod von Millionen Menschen aus über 50 Ländern, mit unermesslichem Leid und grenzenloser Zerstörung.

Zum ersten Mal in der Geschichte standen sich Länder im Kampf gegenüber, die mit technisch hoch entwickelten Waffen ausgerüstet waren. Panzer, Flugzeuge, Unterseeboote, Artilleriegeschütze mit gewaltiger Feuerkraft: Das Arsenal zum Töten war unermesslich. Die Schlachten des Ersten Weltkriegs gehören zu den grausamsten der Geschichte. Sogar Giftgas wurde eingesetzt, das zu einem elenden Erstickungstod führte. Soldaten kämpften um einige Quadratmeter Gelände, das sie am nächsten Tag wieder dem »Feind« überlassen mussten.

Auch hundert Jahre nach dem Ausbruch des Ersten Weltkriegs herrscht Fassungslosigkeit über das sinnlose, grausame Geschehen, das nach Schätzungen 20 Millionen Menschen den Tod brachte. Im Rückblick mutet das Gemetzel wie eine entsetzliche Katastrophe an. Aber Kriege fallen nicht vom Himmel, sondern werden von Menschen gemacht – von mächtigen Menschen. In diesem Fall vom deutschen Kaiser Wilhelm II. und von anderen europäischen Herrschern, von Politikern und Militärs. Was bewog sie, Europa in ein Schlachtfeld zu verwandeln? Die Antwort führt zur Frage, die bis heute brandaktuell geblieben ist: Kann Krieg die Lösung für Konflikte sein?

Ein Platz an der Sonne

Wilhelm II. zwang den Strategen Bismarck 1890 zur Abdankung. Bismarck war der Architekt des Deutschen Reichs gewesen. Der Sieg über Frankreich 1870/71 hatte den Weg zur Reichsgründung geebnet.

Wilhelm II. (1859–1941) Wilhelm II., König von Preußen, war der letzte deutsche Kaiser. Seine Mutter, Kaiserin Viktoria, war die älteste Tochter der englischen Queen Victoria, die damit Wilhelms Großmutter war, sein Vater war Kaiser Friedrich III. Seit seiner Geburt litt Wilhelm II. an einer Behinderung. Der linke Arm war gelähmt. Im »Dreikaiser-Jahr« 1888, als sein Großvater und auch sein Vater starben, übernahm er den Thron. Sein Minderwertigkeitsgefühl, das ihn wegen der Behinderung quälte, versuchte Wilhelm II. durch prunkvolles Auftreten zu überspielen. Er sah sich als »Herrscher von Gottes Gnaden«. Die Förderung der Industrie und der Ausbau der kaiserlichen Flotte lagen ihm besonders am Herzen.

Der Kaiser in Pose: Bei Manövern drängte es Wilhelm II. manchmal hoch zu Ross an die Spitze der Angreifer. Vor jedem Auftritt überlegte er genau, welche Uniform er anziehen sollte. Hofschneider mussten öfter in letzter Minute noch Hand anlegen, um Sonderwünsche »Seiner Majestät« zu erfüllen.

Kriegsschiffe im Kieler Hafen. Die Marine war des Kaisers ganzer Stolz.

Deutschland will Weltmacht werden

Zu Beginn des vergangenen Jahrhunderts lagen viele Staaten Europas in einem ständigen Wettstreit miteinander. Dieser Konkurrenzkampf drehte sich darum, das eigene Staatsgebiet möglichst zu vergrößern, Einfluss auf Nachbarländer zu gewinnen und wirtschaftliche Vorteile zu erlangen.

Europa beherrschte damals die Welt, allen voran Großbritannien mit seiner königlichen Flotte, der Royal Navy. In London ballte sich wirtschaftliche und finanzielle Macht und man war entschlossen, diese Vormachtstellung zu behalten. Als aufblühende Industrienation entwickelte sich das Deutsche Reich zwangsläufig zum Konkurrenten Großbritanniens. Deutschland konnte bis zum Ausbruch des Ersten Weltkriegs 1914 seine industrielle Produktion um ein Vielfaches steigern und hatte England als Wirtschaftsmacht zu diesem Zeitpunkt längst eingeholt. Die Deutschen hatten spät zur nationalen Einheit gefunden. Anfang des 20. Jahrhunderts wollten sie aus ihrer zentralen Lage endlich Kapital schlagen und Weltmacht werden.

Balkankrise Russland und Österreich-Ungarn – zwei weitere Figuren auf dem europäischen Schachbrett – kämpften in den Jahren vor dem Ersten Weltkrieg verbissen um ihren Einfluss auf dem Balkan, der Vielvölker-Region in Südosteuropa. In dieser Auseinandersetzung stellte sich das Deutsche Reich kompromisslos auf die Seite Österreichs. Der deutsche Kaiser Wilhelm II. betrieb Außenpolitik in Hauruck-Manier. Österreich ermunterte er, auf dem Balkan gegen Serbien und damit gegen dessen Verbündeten Russland »kraftvoll aufzutreten, sonst verliere es die Macht über die Slawen«. In Europa entstanden zwei Lager: auf der einen Seite die Mittelmächte mit Deutschland und Österreich-Ungarn an der Spitze und auf der anderen Seite die Entente, das Bünd-

Erbfeindschaft Zwischen Deutschland und Frankreich herrschte eine tiefe Feindschaft, die nicht zuletzt von der Besatzung durch die Truppen des französischen Kaisers Napoleon Bonaparte zu Beginn des 19. Jahrhunderts herrührte. Die »Erbfeindschaft« beider Länder flammte im Deutsch-Französischen Krieg 1870/71 wieder auf. Außer der bitteren Niederlage musste Frankreich den Verlust von Elsass und Lothringen hinnehmen. Reichskanzler Otto von Bismarck nutzte den Sieg, die Kleinstaaterei in Deutschland zu beenden und die Fürstentümer und Königreiche unter der Führung Preußens zum Deutschen Reich zusammenzuführen.

Im Konzert der Großmächte spielte Deutschland trotz gegenteiliger Anstrengungen bald mehr und mehr eine Nebenrolle. Bereits 1901 waren die Verhandlungen über ein deutsch-britisches Bündnis gescheitert. Was deutsche Diplomaten mühsam einfädelten, durchkreuzte der Kaiser durch unbedachte Äußerungen. Letztlich stand jedoch die massive Aufrüstung der Marine und des Heeres einem Ausgleich im Wege, sodass auch weitere deutsch-britische Verhandlungen 1912 scheiterten.

nis zwischen England, Frankreich und Russland, das entschlossen war, das Deutsche Reich, den Emporkömmling in der Mitte Europas, in die Schranken zu weisen. Italien, zunächst Bündnispartner der Mittelmächte, verhielt sich im Krieg anfangs neutral, bis es auf die Seite der Entente wechselte.

Die Weltmeere beherrschen Kaiser Wilhelm II., Oberbefehlshaber von Armee und Flotte, trug vor Ausbruch des Ersten Weltkriegs wesentlich dazu bei, Misstrauen und die historisch gewachsenen Spannungen mit Nachbarländern wie Frankreich noch zu vergrößern. Er wollte Deutschland auch militärisch zu einer Weltmacht ausbauen. Die deutsche Flotte sollte die Weltmeere beherrschen. Was der Monarch in Kauf nahm: Mit jedem Schlachtschiff, das in Kiel oder Hamburg vom Stapel lief, forderte er Großbritannien heraus.

Deutschlands Drang nach zusätzlichen Kolonien, nach militärischer und wirtschaftlicher Stärke blieb den Nachbarstaaten natürlich nicht verborgen. In London, Paris und Sankt Petersburg (1914–1924 Petrograd), dem Sitz des russischen Zaren, wurde diese Entwicklung mit Argwohn verfolgt.

Obwohl damals (wie heute) die europäischen Königshäuser untereinander verwandt und verschwägert waren, waren die Herrscher nur auf ihren eigenen Vorteil bedacht, nicht auf einen Ausgleich von Interessen und nicht auf gute Nachbarschaft.

Wettlauf um Kolonien Ein Streitpunkt unter den konkurrierenden Großmächten war der Besitz von Kolonien. Diese großen Besitzungen im Ausland, vor allem in Afrika und Asien, versprachen Reichtum, Abenteuer und Macht – kurz: »einen Platz an der Sonne«, wie es damals hieß. Deutschland besaß Anfang des vergangenen Jahrhunderts im Vergleich zu Frankreich und England nur wenige Kolonien und fühlte sich benachteiligt.

Auch in den deutschen Kolonien galten Zucht und Ordnung. Missionare folgten dem Militär. »Heiden«, sogenannte »Wilde«, wurden getauft, Aufsässige hart bestraft. So wurde der Aufstand der Herero und Nama in Deutsch-Südwestafrika blutig niedergeschlagen, die Völker fast ausgerottet.

Zucht und Ordnung

Postkarte: Mit Mut und Pflicht für's Vaterland!

Das Lied der Deutschen

Deutschland, Deutschland über alles,
Über alles in der Welt,
Wenn es stets zu Schutz und Trutze
Brüderlich zusammenhält,
Von der Maas bis an die Memel,
Von der Etsch bis an den Belt –
Deutschland, Deutschland über alles,
Über alles in der Welt!

Die erste Strophe des 1841 von August Heinrich Hoffmann von Fallersleben gedichteten Deutschlandliedes hebt die Machtansprüche des Deutschen Reiches hervor. Seit dem Zweiten Weltkrieg wird das Lied nur noch von der dritten Strophe an gesungen.

Preußischer Kasernenhof um 1907: Soldaten müssen ihre blankgeputzten Stiefel vorzeigen.

Mit Gott für Kaiser und Vaterland

Preußische Tugenden wie Gehorsam, Pflichtbewusstsein, Disziplin und Opferbereitschaft standen im Kaiserreich hoch im Kurs: Was in den Kasernen des Königtums Preußen den Soldaten eingetrichtert wurde und als Tradition über Jahrhunderte im öffentlichen Bewusstsein verankert war, verlangte die Obrigkeit letztlich von allen Untertanen. Zugleich wurde den Deutschen eingeredet, sie seien ein von Gott auserwähltes Volk mit besonderen Tugenden: Liebe zum Vaterland, Fleiß, Treue und Achtung vor den Vorgesetzten.

Jeder Soldat zitterte vor seinem Korporal, der Leutnant vor dem Hauptmann, der Hauptmann vor dem Major, der Major vor dem Oberst, der Oberst vor dem General.

Ein Teilnehmer des Ersten Weltkriegs

Drill und Disziplin Ein nicht blank geputzter Knopf an der Uniform konnte eine wüste Strafaktion wie drei Tage Kerker bei Wasser und Brot nach sich ziehen. Für kleinste Vergehen eines Rekruten mussten zumeist alle Kameraden büßen. Die Soldaten waren von der Außenwelt abgeschnitten, ständigem Druck ausgesetzt und konnten sich nicht wehren. Dieser Drill war es, der aus normalen jungen Männern Kämpfer machte, die bereit waren, schlimmste Entbehrungen, Verwundung und Tod auf sich zu nehmen. Das Militär galt als »Schule der Na-

Erzieher mit Rohrstock – eine preußische Schulklasse

tion«. Durch Druck und Schikanen mussten die Soldaten lernen, den Befehlen ihrer Vorgesetzten blindlings zu folgen. Als Lohn winkten auf den Schlachtfeldern »Ruhm und Ehre«.

Zucht und Ordnung blieben nicht auf den Kasernenhof beschränkt. In der Schule durften die Lehrkräfte nach Belieben auf Kinder einprügeln, wenn diese nicht gehorchten. Nicht mündige Bürger waren gefragt, sondern Untertanen. Die so erzogenen Deutschen fühlten sich vom Ausland unverstanden. Sie steigerten sich in einen übertriebenen Nationalstolz hinein, den es damals allerdings auch in anderen europäischen Ländern gab.

Um ein ganzes Volk auf einen Krieg einzustimmen, reichte es nicht, ausländische Mächte als minderwertig und missgünstig anzusehen. Feinde im Inneren mussten hinzukommen: »Sündenböcke« und »vaterlandslose Gesellen«, die man auch für die eigenen Fehler und für Missstände aller Art verantwortlich machen konnte.

Auf Leben und Tod Als Prügelknaben der Nation dienten in erster Linie Juden. Sie waren zwar nach dem Gesetz gleichberechtigte Bürger, wurden aber schon seit Jahrhunderten angefeindet und ausgegrenzt. Auch Kaiser Wilhelm II. beteiligte sich daran. Er sagte, die Juden müssten »vom deutschen Boden vertilgt und ausgerottet« werden. Und fügte hinzu: »Das Beste wäre wohl Gas.«

Juden, aber auch Sozialdemokraten, fortschrittliche Liberale und Gewerkschafter wurden zu Feinden des Volkes erklärt – allesamt Kräfte, die dem Kaiser und seinen Getreuen im Weg standen, als es darum ging, Deutschland durch einen Waffengang zu einer Weltmacht zu machen. Durch einen Krieg könnte ihr Einfluss beseitigt werden – so die Hoffnung der kaisertreuen Parteien.

Juden als Sündenböcke Juden stießen schon seit früher Zeit immer wieder auf Neid und Missgunst. Man unterstellte ihnen, sie belegten an den Universitäten mehr Studienplätze, als ihnen eigentlich zustünden, und sie drückten sich vor dem Militärdienst. Untersuchungen, deren Ergebnisse jedoch nicht veröffentlicht wurden, widerlegten solche Behauptungen (siehe S. 40).

Juden in traditioneller Kleidung auf dem Mathildenplatz in Wien, 1915

Die Macht in Deutschland ruhte auf mehreren Schultern. Zwar hatte der Kaiser in vielen Dingen das letzte Wort, aber er musste Rücksicht nehmen auf den Reichstag, das Parlament in Berlin, das er abfällig »Reichsaffenhaus« nannte. Der Monarch hatte zwar den Oberbefehl über das Heer, aber vom Reichstag wurde u. a. über Kriegskredite entschieden. Ohne diese Anleihen war ein Krieg nicht zu bezahlen. Eine maßgebliche Rolle spielten auch die großen Konzerne, die an Rüstungsaufträgen interessiert waren.

Berliner Reichstagsgebäude

Ein historisches Gemälde, das die Machtverhältnisse zeigt: der Kaiser bei der Eröffnung des Reichstags im Weißen Saal des Berliner Schlosses

Geistige Mobilmachung

Engländer und Franzosen waren Zielscheibe von Hohn und Spott. Eine Grußformel lautete: »Gott strafe England!«. Oder »Der Deutsche grüßt: Grüß Gott! Guten Tag! Lebe wohl! Auf Wiedersehn! Fort mit dem französischen Adieu!«

Wilhelm II., wie die alliierte Propaganda ihn sah: der Griff nach der Weltmacht

Sedan-Tag In der Schlacht von Sedan im Herbst 1870 gab sich die französische Armee den Truppen des Norddeutschen und des Süddeutschen Bundes geschlagen. Der französische Kaiser Napoleon III. wurde gefangen genommen. Die Kapitulation brachte die Wende im Deutsch-Französischen Krieg. Wilhelm I. nahm im Schloss von Versailles bei Paris die Kaiserkrone entgegen. Otto von Bismarck wurde Reichskanzler des neu gegründeten Deutschen Reichs, das den Sedan-Tag alljährlich mit militärischem Pomp feierte.

Kaiser Franz von Österreich und Wilhelm II.

Bismarck als Vorbild für einen Waffengang

Eine direkte Bedrohung für das Deutsche Reich ging von der Entente, also den Großmächten England, Frankreich und Russland, nicht aus. Diese Staaten folgten zwar dem deutschen Beispiel und rüsteten ebenfalls auf, aber Pläne für einen Angriff auf Deutschland gab es nicht. Dennoch wurden hohe Militärs wie der österreichische und der deutsche Generalstabschef nicht müde, von einer »Einkreisung« zu reden. Angeblich war Deutschland von feindlichen Mächten umzingelt. Aus dieser Umklammerung könnten sich die Mittelmächte, wie das deutsch-österreichische Bündnis genannt wurde, nur durch einen Militärschlag befreien. Ihre Forderung lautete also: Krieg – so bald und so schnell wie möglich.

Mit dieser Auffassung stand das Militär keineswegs allein. Auch Professoren, Lehrer und Pfarrer zählten zu eifrigen Kriegsbefürwortern und verlangten Gefolgschaft. Kriegervereine, die nach dem Deutsch-Französischen Krieg 1870/71 an vielen Orten gegründet worden waren, feierten die vergangenen siegreichen Schlachten und verklärten blutige Kämpfe als ruhmreich und heldenhaft.

Trommeln für den Krieg In den Vorkriegsjahren wurden Hunderte von Denkmälern zu Ehren von Fürst Otto von Bismarck errichtet, dem früheren Reichskanzler. Ihm war es 1871 nach dem Sieg über Frankreich gelungen, aus vielen kleinen Fürstentümern einen deutschen Nationalstaat zu formen. An das »Idol Bismarck« wollten die Kriegsbefürworter anknüpfen. Sie trommelten landauf, landab für einen Waffengang und klopften markige Sprüche vom »guten deutschen Schwert«, das nicht rosten dürfe. Die Zeitungen spielten in diesem Konzert kräftig mit. So entstand eine kriegslüsterne Stimmung. Ein ganzes Volk trat in Reih und Glied. Der Krieg galt als unausweichlich. Jetzt kam es nur noch darauf an, dem Gegner zuvorzukommen.

Das Vaterland ist in Gefahr!
Ein jeder tue seine Pflicht!
Mit vereinten Kräften werden wir stark sein! Sei Gott mit uns!
Mit Gott für König und Vaterland, für Kaiser und Reich!

Extraausgabe *Ems- und Hase-blätter*, Meppen, 2. August 1914

Dieser verhängnisvollen Einstellung widersetzten sich nur wenige. Als einzige Partei rief die SPD ihre Anhänger zu Anti-Kriegs-Demonstrationen auf. Ihr Vorsitzender sah die große Katastrophe kommen. Im November 1911 erklärte August Bebel: »Alsdann wird in Europa der große Generalmarsch geschlagen, auf den hin 16 bis 18 Millionen Männer, die Männerblüte der verschiedenen Nationen, ausgerüstet mit den besten Mordwerkzeugen, gegeneinander als Feinde ins Feld rücken. Hinter diesem Kriege steht der Massenbankrott, steht das Massenelend, steht die Massenarbeitslosigkeit, die große Hungersnot.« Er schloss seine Rede mit »Ihr seid gewarnt«.

Thron und Altar Doch auf die warnende Stimme der SPD, die als »Nestbeschmutzer« schon gegen den Deutsch-Französischen Krieg 1870/71 gewesen war, wurde nicht gehört. Und auf die beiden großen Kirchen brauchten Kaiser und konservative Regierung keine Rücksicht zu nehmen. Widerstand gegen die Aufrüstung war von dieser Seite nicht zu erwarten, im Gegenteil: Thron und Altar waren eng verbunden. Die Partei Das Zentrum, der politische Arm der Katholiken, beteiligte sich an den Angriffen auf Juden.

August Bebel (1840–1913) Bebel, von Beruf Drechsler, stammte aus armen Verhältnissen. Als Arbeiterführer, der glänzend reden konnte, wirkte er an der Gründung der SPD mit. Er kritisierte den Krieg gegen Frankreich 1870/71 und sollte mundtot gemacht werden. Wegen »Vorbereitung zum Hochverrat« wurde er zu zwei Jahren Haft verurteilt. Im Gefängnis holte er das Studium nach. Bis zu seinem Tod blieb Bebel SPD-Vorsitzender.

Geistliche segneten Degen und Kanonen. Die Gläubigen wurden ermahnt, ihre »vaterländischen Pflichten« zu erfüllen.

Kriegervereine forderten einen neuen Waffengang.

Europa unter Waffen

Hugo Stinnes

Mythos Krupp Der Name Krupp stand für die industrielle Revolution schlechthin. Mit nahtlosen Eisenbahnrädern machte sich das Unternehmen weltweit einen Namen. Ohne die Bahn wäre der wirtschaftliche Aufschwung nicht möglich gewesen, auch der Krieg mit den großen Truppentransporten nicht.

Fabrikhalle von Krupp in Essen

Prototyp eines britischen Panzers (links)

Ein französischer Bordschütze richtet sein Gewehr ein.

Russische Soldaten beschießen ein feindliches Flugzeug.

Krieg und Kriegsgerät Eisenbahn und Dampfschiffe ließen Entfernungen schrumpfen. Mithilfe der Telegrafie, der fernschriftlichen Nachrichtenübermittlung, und des Telefons konnten Kommandos und Lagebeschreibungen zügig übermittelt werden. Erstmals kamen Flugzeuge, Panzer und U-Boote im Krieg zum Einsatz.

Deutschland rüstet auf

In den Gründerjahren, wie die Zeit nach der Reichsgründung 1871 genannt wurde, war Deutschland zu einer führenden Industrienation aufgestiegen. Dem Land ging es gut – dank einer lang andauernden wirtschaftlichen Blüte. Die Zollschranken waren niedrig. Von Frankreich hatte Deutschland als Kriegsentschädigung fünf Milliarden Goldfrancs kassiert.

Krupp und Stinnes Das Kaiserreich hatte sich inzwischen zur größten Handelsmacht der Welt entwickelt und Großbritannien damit überflügelt (siehe S. 6/7). Unternehmen wie Krupp in Essen lieferten Waren und Güter von hoher Qualität. Stahl, Maschinen, chemische Produkte und medizinische Geräte waren Renner im Ausfuhrgeschäft. An Rhein und Ruhr wuchsen mächtige Konzerne heran.

Der Unternehmer Hugo Stinnes aus Mülheim an der Ruhr errichtete innerhalb weniger Jahre ein weltumspannendes Netz von Firmen. Diese waren im Bergbau, in der Ölgewinnung und im Gasgeschäft aktiv. Stinnes trieb auch die Elektrifizierung der deutschen Städte voran. Anders als der Krupp-Konzern, der schon im Krieg gegen Frankreich 1870/71 die deutsche Armee mit Kanonen beliefert hatte, hielt Stinnes sich auf dem Feld der Rüstung zunächst zurück. Als der Krieg dann unausweichlich schien, stieg der Unternehmer umso entschlossener ins Waffengeschäft ein und lieferte Munition in großen Mengen.

Die größte Waffenschmiede Europas Die Firma Krupp stellte in den Vorkriegsjahren den Betrieb fast ganz auf Rüstung um. Krupp wurde mit über 170 000 Beschäftigten zur größten Waffenschmiede Europas. Kanonen, Panzerketten, ganze Kriegsschiffe – der Konzern lieferte alles, was zum Kämpfen benötigt wurde. Beim Rüstungswettlauf der europäischen Großmächte preschte Deutschland mächtig vor, zunächst mit dem Ausbau der Flotte, dann mit der massiven Verstärkung des Heeres. Länder wie Frankreich und England richteten sich darauf ein, ihr Land und ihre Kolonien zu verteidigen. Mit Deutschland und Österreich-Ungarn auf der einen und den Alliierten Frankreich, England und Russland auf der anderen Seite standen sich bei Kriegsbeginn gewaltige Heeresverbände gegenüber. Dazu kamen jeweils weitere verbündete Länder, die für den Ausgang des Krieges allerdings keine entscheidende Rolle spielten.

Wissenschaft und Technik entwickelten Waffensysteme mit einer immer größeren Schlagkraft. Aus Maschinengewehren wie dem MG 08/15 ratterten innerhalb einer Minute bis zu 500 Schuss Munition. Der Bau von gepanzerten Kettenfahrzeugen blieb in Deutschland in den Anfängen stecken. England und Frankreich dagegen verfügten über einsatzbereite *tanks,* wie die Panzer in England genannt wurden. Flugzeuge, Ballons und Luftschiffe dienten nicht nur der Aufklärung, sondern auch dem Abwerfen von Bomben. Mit Bordgewehren ausgestattete Jagdflugzeuge sollten direkt in das Kampfgeschehen eingreifen können.

Kein Feuer, keine Kohle kann brennen so heiß wie Kruppsche Kanonen, von denen niemand nichts weiß.

Inschrift auf einem Essteller mit dem Abbild einer Bombe

Schieflage Trotz aller Anstrengungen bei der Aufrüstung war der Beginn des Ersten Weltkriegs für Deutschland und seine Verbündeten nach den Worten eines Historikers ein »fast abenteuerlich erscheinendes Unterfangen«. Denn es fehlte schlicht an Soldaten, um, wie geplant, einen Zweifrontenkrieg zu vermeiden (siehe S. 21). Zwar hatte der Reichstag 1913 die Stärke des Heeres um 136 000 auf 800 000 Mann erhöht. Aber das reichte nicht einmal für den Marsch durch Belgien.

Auch im Kräfteverhältnis der beiden großen Militärlager bestand eine Schieflage. Die Mittelmächte Deutschland, Österreich und weitere Verbündete mobilisierten 1914 etwa 3,8 Millionen Mann, die Gegenseite, also Frankreich, England und Russland, 5,8 Millionen. Deutschland besaß ferner nicht genügend Rohstoffe für einen lang anhaltenden Krieg, geschweige denn ausreichend Lebensmittel, um Soldaten und Zivilbevölkerung zu ernähren.

Eine Krupp-Kanone als Ausstellungsstück bei der Weltausstellung 1876 in Philadelphia, USA

Am Vorabend des Krieges

Alle machen mit: Spaziergang am Sonntag als Einübung in den Krieg

Kriegervereine als Kriegstreiber Die Verfechter eines neuen Krieges in Militär und Politik konnten sich auf zahlreiche Vereine und Gruppen stützen, die lautstark als Kriegstreiber auftraten. Die wichtigsten waren:

- Deutscher Flottenverein. Über eine Million Mitglieder unterstützten den Ausbau der Marine
- Kyffhäuserbund. Verband ehemaliger Kriegsteilnehmer, 2,5 Millionen Mitglieder, in über 20 000 Vereinen organisiert
- Ostmarkenverein. Rassistisch eingestellt, für »Germanisierung« Polens
- Alldeutscher Verband. Entstand aus der Bewegung für Kolonien, war eng mit der Schwerindustrie an Rhein und Ruhr verbunden und bekämpfte alles, was der »nationalen Erweckung« im Wege stand. Rassistisch und fremdenfeindlich eingestellt

Kreuzritter als Vorbild – für den Alldeutschen Verband war der Deutsche zuallererst Krieger und Eroberer.

Ein besonders eifriger Kriegstreiber war die Führung der Marine, allen voran Alfred von Tirpitz (rechts), Konteradmiral und Staatssekretär des Marineamtes in Berlin, hier im Gespräch mit dem Kaiser (links).

Die Generäle machen Druck

Am Vorabend des Ersten Weltkriegs herrschte in Deutschland eine ungewöhnliche Stimmung. Was später als »Der Geist von 1914« beschworen wurde – gemeint war die Bereitschaft zu einem großen »vaterländischen Opfergang« –, war in Wirklichkeit eine Mischung aus wilder Kriegsbegeisterung und kühnem Fortschrittsglauben. Die staatliche Propaganda und die Erziehung der Jugend zum Militärdienst zeigten Wirkung: Viele waren entschlossen, in maßloser Selbstüberschätzung notfalls allein gegen eine »Welt von Feinden« loszumarschieren. Unter der Parole »Mit Gott für Volk und Vaterland« rückten die Deutschen zusammen.

Hightech für das Militär Ein mit Maschinen und Großgerät geführter Krieg war auf Spezialisten angewiesen. Der einfache Soldat, der mit Gewehr und Handgranaten umgehen und vielleicht noch eine Kanone abfeuern konnte, reichte nicht mehr. Den Kriegsplanern kam also entgegen, dass technische Berufe durch die Industrialisierung an Bedeutung gewonnen hatten. Viele junge Leute waren damals vom Land in die Stadt gewechselt, die eine bessere Zukunft versprach. Die Gefahr, dass der Krieg den technischen und wissenschaftlichen Fortschritt und damit die Hoffnung auf ein besseres Leben zerstören könnte, spielte für die Militärs keine Rolle.

Der Balkan – ein Pulverfass In den beiden Jahren vor Ausbruch des Ersten Weltkriegs erwies sich der Balkan als ein Pulverfass, das gleich zwei Mal explodierte und damit die gefährlichen Risse im Gesamtgefüge Europas sichtbar machte. In diesem südosteuropäischen Gebiet kreuzten sich die Interessen gleich mehrerer Mächte. Russland fühlte sich mit Ländern wie Serbien kulturell und religiös verbunden und sicherte ihnen seinen Schutz zu. Österreich fürchtete ständig um den Bestand seiner »Donaumonarchie«, wie die Herrschaft der Habsburger auch genannt wurde.

Es kam zu zwei Balkankriegen (siehe Kasten), die das Wettrüsten unter den europäischen Großmächten beschleunigten. Deutschland und Österreich-Ungarn richteten ihr Augenmerk dabei verstärkt auf Russland, das den Balkan-Bund eingefädelt hatte. Kaiser Wilhelm II. griff in seinen Reden das Zarenreich scharf an. In einem Krieg gegen Russland gehe es nicht nur darum, Österreich zu helfen, sagte er, »sondern sich überhaupt der Slawen zu erwehren und deutsch zu bleiben. Ein Rassenkampf, der uns nicht erspart bleiben wird; denn es handelt sich um die Existenz unseres Vaterlandes.«

Noch schreckte die Regierung von Reichskanzler Theobald von Bethmann Hollweg vor einem Krieg zurück. Der Reichskanzler setzte auf Verhandlungen. Je näher der Krisensommer 1914 jedoch rückte, desto weniger Einfluss besaßen Regierung und Parlament. Fast unmerklich rissen hohe Militärs die Macht an sich.

Balkankriege 1912/1913 Das Osmanische Reich, das den Balkan über Jahrhunderte beherrscht hatte, verlor Anfang des 20. Jahrhunderts nach und nach die Kontrolle über die Region. Die im Balkanpakt unter russischem Einfluss verbündeten Staaten Bulgarien, Serbien, Griechenland und Montenegro nutzten 1912 den Zerfall des einst mächtigen Reiches und besiegten die Türkei, wie das Land am Bosporus bald darauf genannt wurde. Dieser erste Balkankrieg ging fast nahtlos in den zweiten über, weil die Siegerstaaten sich nicht über die Kriegsbeute einigen konnten. Bulgarien fühlte sich benachteiligt, geriet 1913 in eine Frontstellung zu Serbien, Griechenland und der Türkei und verlor den Krieg und damit große Gebiete. Dadurch fühlte sich auch Österreich als Schutzmacht Bulgariens getroffen.

Szene aus dem ersten Balkankrieg

Doppelmonarchie Die Doppelmonarchie Österreich-Ungarn war 1867 aus einer verworrenen Lage in Europa entstanden. Ein Jahr zuvor hatte Österreich noch Krieg gegen Preußen geführt. Danach schied es aus dem Deutschen Bund, der Vorstufe zum Deutschen Reich, aus und schmiedete zum Ausgleich eine Monarchie mit Ungarn. Beide Länder einigten sich auf einen Ministerrat, der allerdings nur für Finanzen, Außenbeziehungen und Kriegsführung zuständig war. Ansonsten behielten die beiden Reichshälften ihre Parlamente und Regierungen, sogar ihre Zollgrenzen und eigenen Briefmarken bei. Gemeinsam war ihnen die Unterdrückung von Minderheiten wie den Serben.

Europa vor Beginn des Ersten Weltkriegs – nur wenige Länder blieben neutral.

Berlin – Pariser Platz – 1. August 1914: Junge Männer bejubeln den Kriegsausbruch.

Das Morden beginnt

In den Monaten vor Ausbruch des Ersten Weltkriegs herrschten in den europäischen Hauptstädten hektische diplomatische Aktivitäten. Obwohl sich in vielen Köpfen der Entschluss zum Krieg längst festgesetzt hatte, sollte der Öffentlichkeit weiterhin der eigene gute Wille zum Frieden demonstriert werden. Dabei waren die Spannungen vor allem auf dem Balkan inzwischen mit Händen zu greifen. Aber reichte diese Ausgangslage schon als Ursache für den großen Krieg, den Weltenbrand, von dem später dann die Rede war?

Wie so oft in der Geschichte war es am Anfang ein eher begrenzter Anlass, der das große Rad in Bewegung setzte. Als Serbien nach Albanien und bis zur Adria vordringen wollte, ermunterte das Deutsche Reich die Regierung in Wien, loszuschlagen. Statt zu vermitteln, hieß es aus Berlin »Jetzt oder nie!« Der österreichische Kaiser Franz Joseph I. zögerte noch. Aber die Parole war da. Und sie bedeutete: Bei nächstbester Gelegenheit würde Deutschland an der Seite Österreichs in den Krieg ziehen.

Die Gelegenheit kam bald. Österreich-Ungarn hielt in Bosnien Manöver ab. Österreich hatte sich das Gebiet einige Jahre zuvor gegen den Protest der Einwohner – viele von ihnen Serben – angeeignet. Die Gruppe Junges Bosnien bekämpfte die Fremdherrschaft. Als der österreichische Thronfolger Erzherzog Franz Ferdinand und dessen Frau sich während des Manövers zu einem Besuch in der bosnischen Hauptstadt Sarajevo aufhielten, schlug die Gruppe zu: Das Kronprinzenpaar wurde am 28. Juni 1914 ermordet. Dieses Attentat setzte eine Kette verhängnisvoller Ereignisse in Gang.

Das Entsetzen über den Mord hätte die Machthaber zur Besinnung bringen und ihnen die tödliche Gefahr vor Augen führen können. Doch aus Berlin hallte es lauter als zuvor nach Wien: »Jetzt oder nie!« Eine ganze Generation wurde zu den Waffen gerufen. Das Morden begann. Und niemand gebot ihm Einhalt.

Die Schüsse von Sarajevo

Attentat mit verheerenden Folgen

Die Schüsse von Sarajevo veränderten die Welt. Was damals sofort vermutet wurde: Die Hintermänner des Attentats waren Serben. Sie gehörten zum Geheimbund *Schwarze Hand* und besaßen Einfluss bis in den serbischen Generalstab. Alle Welt erwartete von Österreich eine Antwort auf die Ermordung des Thronfolgers. In zugespitzten Situationen wie dieser konnten sich die Staatenlenker damals nur einen Ausweg aus einem solchen Konflikt vorstellen: eine massive Strafaktion in Form eines Krieges.

Der Attentäter Gavrilo Princip

Aber würde ein solcher Krieg auf Österreich und Serbien begrenzt bleiben? Das Deutsche Reich wartete ja nur auf eine Gelegenheit zum Angriff. Russland würde seinen Verbündeten Serbien nicht im Stich lassen. Und mit Russland stand Frankreich auf dem Plan. Wie lange die Engländer – die Dritten im Bunde (siehe S. 6/7) – sich aus einem Krieg heraushalten würden, war dann nur eine Frage der Zeit.

Krieg oder Frieden? Noch bis Ende Juli 1914 schrieben sich Kaiser Wilhelm II. und der russische Zar Nikolaus II. beschwörende Telegramme, die den Eindruck erweckten, beide wollten in letzter Minute den drohenden Krieg vermeiden. So heißt es in einer Botschaft des Zaren vom 28. Juli 1914 an seinen Cousin Wilhelm II.: »Um ein solches Unheil wie einen europäischen Krieg zu verhüten, bitte ich Dich im Namen unserer alten Freundschaft, alles Dir Mögliche zu tun, um Deinen Bundesgenossen davon zurückzuhalten, zu weit zu gehen.« War dieser Appell ehrlich gemeint? Tatsache bleibt, dass beide Staaten ihre Truppen mobilisierten. Anzeichen dafür, dass wenigstens eine Seite die Kriegsmaschine anhalten wollte, gab es nicht.

Gratis! Extra-Blatt. Gratis!

Berliner Tageblatt
und Handels-Zeitung.

Nr. 373a. Sonnabend, 25. Juli 1914. 43. Jahrgang.

Serbien lehnt Oesterreichs Forderungen ab.

Der Einmarsch der Oesterreicher bevorstehend.

Der österreichisch-ungarische Gesandte wird heute abend Belgrad verlassen.

Belgrad, 25. Juli, 6 Uhr 40 Min. (Telegramm unseres Korrespondenten.) Die allgemeine Mobilisierung ist angeordnet, der Thronfolger Alexander übernimmt selbst den Befehl über die Belgrader Truppen.

Bewusste Falschmeldung des *Berliner Tageblatts*: In Wahrheit nahm Serbien die Bedingungen Österreichs weitgehend an.

Ultimatum an Serbien
Wien hatte in dem auf 48 Stunden befristeten Ultimatum verlangt, die gegen die Habsburger Monarchie gerichtete Propaganda einzustellen, auf Gebietsansprüche zu verzichten, die Verantwortlichen für das Attentat von Sarajevo vor Gericht zu stellen und einzelne in den Anschlag verwickelte Offiziere und Beamte aus dem Dienst zu entfernen.

Sarajevo, 28. Juni 1914: das Attentat

»Die Waffen nieder!« Bertha von Suttner, 1905 als erste Frau mit dem Friedensnobelpreis ausgezeichnet (2. v. l. unten auf dem Münchner Weltfriedenskongress 1907), kämpfte mutig gegen den Krieg.

Das Scheitern der Diplomatie In den Wochen nach dem Attentat von Sarajevo setzten noch einmal hektische Aktivitäten ein. Diplomaten als verlängerter Arm ihrer Regierungen traten in Aktion. Auf ein Ultimatum Österreichs zeigte sich Serbien zum Einlenken bereit, denn Russland drängte im Hintergrund auf Mäßigung. Österreich hatte erwartet, die Forderungen an Serbien seien für den Balkanstaat unannehmbar. Aber Serbien stimmte den meisten der insgesamt zehn Punkte zu.

Damit sei jeder Grund zum Krieg entfallen, erklärte Kaiser Wilhelm II. Das war am Morgen des 28. Juli 1914. Doch wenige Stunden später, um 11 Uhr, erklärte Österreich Serbien den Krieg. Russland reagierte unverzüglich. Innerhalb von zwei Tagen wurden sämtliche Streitkräfte zum Kampf aufgerufen. Wilhelm II., der die Donaumonarchie in den Wochen zuvor massiv zum Krieg gedrängt hatte, vergaß seinen kurzzeitigen Sinneswandel und überließ den Militärs das Kommando.

Letztes Aufbäumen Die SPD stellte im Reichstag die stärkste Fraktion. Den Kriegskurs der Regierung lehnte sie zunächst entschieden ab. Das Attentat von Sarajevo bedeutete jedoch Wasser auf die Mühlen der Kriegstreiber. Ende Juli 1914 rief die SPD noch einmal zu Protesten auf. Gleichzeitig ließ die SPD-Führung die Regierung jedoch wissen, im Kriegsfall werde die Partei stillhalten. Von »Burgfrieden« war die Rede. Die SPD befürchtete, Partei und Gewerkschaften könnten zerschlagen werden, wenn sie an ihrer Ablehnung festhalten würde. Als Russland seine Truppen mobilisierte und als Angreifer hingestellt wurde, stimmte die SPD im Reichstag den Kriegskrediten zu.

Wer hat den Krieg zu verantworten? »Konkrete Absichten, einen Angriffskrieg gegen Deutschland zu führen, lagen im Sommer 1914 bei keiner Großmacht vor«, schreibt der Historiker Heinrich August Winkler. Die Hauptschuld für den Ausbruch des Ersten Weltkriegs trifft nach seinen Worten das Deutsche Reich, dem es um die Vorherrschaft in Europa gegangen sei. Das heißt: Auch wenn Österreich den ersten Schritt tat, lag die eigentliche Verantwortung beim Deutschen Reich, das nur auf eine Gelegenheit wartete, losschlagen zu können.

Deutschland und Österreich umzingelt von ihren »Feinden« Montenegro, Serbien, Japan, Belgien, Frankreich, England und Russland

Kriegsanleihen Für eine erfolgreiche Kriegsführung fehlte es dem Deutschen Reich nicht nur an Truppen, Lebensmitteln und Rohstoffen, sondern auch an Geld. Die erforderlichen riesigen Geldsummen sollten überwiegend durch Steuererhöhungen und Kriegsanleihen der Bevölkerung aufgebracht werden. Vielfach lieferten Kinder die Familienersparnisse in der Schule ab oder die Lehrer sammelten das Geld von Haus zu Haus ein. Die Beträge wurden jeweils festgelegt. Über 97 Milliarden Reichsmark kamen so zusammen. Nach dem Krieg sollte das Geld plus Zinsen zurückgezahlt werden. Doch bei Kriegsende war die Reichsmark nichts mehr wert. So wurden Millionen Menschen um ihre Ersparnisse gebracht.

Ein Leutnant verkündet in Berlin die Mobilmachung.

102

Wir Wilhelm,
von Gottes Gnaden
Deutscher Kaiser, König von Preußen rc.

verordnen auf Grund des Artikel 68 der Verfassung des Deutschen Reichs im Namen des Reichs, was folgt:

Das Reichsgebiet ausschließlich der Königlich Bayerischen Gebietsteile wird hierdurch in Kriegszustand erklärt.

Diese Verordnung tritt am Tage ihrer Verkündung in Kraft.

Urkundlich unter Unserer Höchsteigenhändigen Unterschrift und beigedrucktem Kaiserlichen Jnsiegel.

Gegeben Neues Palais, den 31. Juli 1914.

Wilhelm

v. Bethmann Hollweg

Verordnung, betreffend die Erklärung des Kriegszustandes.

Kriegserklärung des Kaisers

Kriegsziele Deutschland wollte Kolonien hinzugewinnen, seine Macht in Ost- und Westeuropa ausdehnen und führende europäische Großmacht werden. Das Baltikum sowie Teile Polens sollten unter deutsche Herrschaft kommen, im Westen außerdem Luxemburg sowie belgische und französische Grenzgebiete. Österreich ging es darum, seine Macht auf dem Balkan zu behaupten und den Einfluss Russlands zurückzudrängen. Bündnispartner Bulgarien sollte die im zweiten Balkankrieg verlorenen Gebiete zurückerhalten.

Kriegsabenteuer

Im August 1914 trat das ein, was besonnene Mahner schon seit Langem befürchtet hatten: In rasendem Tempo stürzte sich Europa in ein Kriegsabenteuer. An der Straße Unter den Linden in Berlin wurde am 1. August der Kriegszustand vom Kaiser ausgerufen. Die Mobilmachung Russlands machte es ihm leicht, das Zarenreich als Angreifer hinzustellen und das Volk quer durch alle Schichten und Parteien für den Krieg zu gewinnen. Wilhelm II. sprach seinen berühmten Satz: »Ich kenne keine Parteien mehr. Ich kenne nur Deutsche.«

Anschließend ergriff der Reichskanzler das Wort. Auch Bethmann Hollweg beschuldigte die Nachbarländer als Kriegstreiber. Angeblich hatte Deutschland gar keine andere Wahl, als sich gegen diese blindwütigen Mächte zu verteidigen – gegen Mächte, die auf Rache aus seien und Deutschland seine wirtschaftliche Blüte nicht gönnten. Vier Jahre lang sollte diese Behauptung nun wiederholt werden – in Reden, Zeitungen, auf Plakaten –, immer wieder und überall. Dabei hatte es gar keine Angriffe auf Deutschland gegeben. Doch die Propaganda beherrschte die Köpfe. Ein Marineadmiral schrieb in sein Tagebuch: »Die Morgenblätter bringen die Ansprachen des Kaisers und des Reichskanzlers an das vor dem Schloss bzw. Kanzlerpalais versammelte begeisterte Volk. Stimmung glänzend. Die Regierung hat eine glückliche Hand gehabt, uns als die Angegriffenen hinzustellen.«

Der gottgleiche russische Zar segnet seine Truppen.

Britische Freiwillige sammeln sich am Trafalgar Square.

Auch in Frankreich marschieren die Soldaten.

Berlin, August 1914: Von den Bekleidungsdepots in die Kasernen

Jede der Kriegsparteien berief sich auf ihren Beistandspakt mit Gott. Gott war mit den Deutschen, Franzosen, Russen, Engländern, Italienern, Japanern, Serben.

Jakob Wassermann, Schriftsteller

Heiliger Krieg Theologen und Geistliche beider Konfessionen sprachen von einem »heiligen Krieg«. Im Berliner Dom sagte ein Hofprediger in Anwesenheit Wilhelms II.: »In geradezu unerhörtem Frevelmut ist uns ein Krieg aufgezwungen. Mit unermüdlicher Sorge hat unser Kaiser versucht, der Welt namenloses Elend zu ersparen. Es war vergeblich!«

Truppenmobilisierungen wechselten mit Kriegserklärungen. Innerhalb weniger Tage formierten sich die Gegner. Dabei gerieten Deutschland und Österreich-Ungarn als Verbündete in kürzester Zeit in einen Zweifrontenkrieg gegen Russland und Serbien im Osten und Frankreich und England im Westen. Der Schlieffen-Plan, zunächst Frankreich auszuschalten und sich dann Russland zuzuwenden, sollte nicht aufgehen. Noch im August griffen Japan, später dann auch Italien und die USA aufseiten der Alliierten in das Kampfgeschehen ein. Das ursprünglich mit Deutschland und Österreich verbündete Italien erklärte, Österreich-Ungarn sei der Angreifer. Deshalb werde es sich nicht einmischen. Auch Rumänien blieb neutral. Lediglich die Türkei und später auch Bulgarien schlossen sich den Mittelmächten an.

Schlieffen-Plan Die militärische Führung in Berlin hatte sich ohne Not an einen Plan gebunden, der von Generalfeldmarschall Alfred Graf von Schlieffen entwickelt worden war. Dieser Plan sah vor, nach einem Durchmarsch durch Belgien die französischen Streitkräfte durch einen Blitzangriff auszuschalten und dann gegen Russland vorzugehen, um so einen Zweifrontenkrieg zu vermeiden. Diplomatische Lösungen wurden von vornherein gar nicht in Erwägung gezogen. Die von Deutschland vor Ausbruch des Krieges lautstark beklagte »Einkreisung« war also selbst verschuldet.

Der Weg in den Ersten Weltkrieg

28. Juli 1914 Österreich-Ungarn macht den Anfang und erklärt um elf Uhr Serbien den Krieg.

30. Juli 1914 Zar Nikolaus II. befiehlt die Generalmobilmachung der russischen Streitkräfte.

31. Juli 1914 Österreich-Ungarn gibt die Generalmobilmachung bekannt. Kurz zuvor hatte der deutsche Generalstabschef Helmuth von Moltke seinen österreichischen Amtskollegen aufgefordert, unverzüglich Vorbereitungen für einen Krieg zu treffen.

1. August 1914 Das Deutsche Reich erklärt Russland den Krieg. Vorausgegangen sind ein Ultimatum, auf das der Zar nicht reagierte, und die allgemeine Mobilmachung Deutschlands. Zwei Tage später erfolgt die Kriegserklärung Frankreichs an Deutschland.

3./4. August 1914 England verlangt vom Deutschen Reich, die Neutralität Belgiens zu wahren. Da deutsche Truppen jedoch bereits in Belgien aufmarschiert sind, fühlt England sich herausgefordert und ruft noch am selben Tag den Krieg gegen Deutschland aus.

An den Litfaßsäulen ist es zu lesen: Die Truppen sind in Alarmbereitschaft versetzt.

Taumelnd vor Begeisterung

Die Aufregung der Bevölkerung, die sich schon vorher im panikartigen Ansturm auf die Sparkassen und Lebensmittelgeschäfte geäußert hatte, wuchs. Die meisten Menschen waren niedergeschlagen, als wenn sie am folgenden Tag geköpft werden sollten.

Aus dem Tagebuch eines jungen SPD-Anhängers in Hamburg

Paul von Hindenburg (1847–1934) war Chef der Obersten Heeresleitung und damit einer der Hauptverantwortlichen für den Verlauf des Ersten Weltkriegs. Als Reichspräsident in der Weimarer Republik galt er vielen als »Ersatz-Kaiser«. 1933 ernannte er Hitler zum Reichskanzler.

Hindenburg und Ludendorff

Kriegshysterie

Der Ausbruch des Krieges im Sommer 1914 wurde besonders von den wohlhabenden und gebildeten Schichten der Bevölkerung wie eine Erlösung wahrgenommen: Endlich ging es los! So dachten viele. An einem schnellen Sieg Deutschlands zweifelte kaum jemand. Auch die Soldaten ließen sich von dieser Woge mitreißen. Die meisten entstammten Arbeiter- und Bauernfamilien. Nur wenige durchschauten, um welche Ziele es wirklich ging und wer an diesem Krieg verdiente. Kaum ein Soldat ahnte, was ihm bevorstand.

Taumelnd vor Begeisterung sahen die jungen Männer dem Waffengang entgegen. Überall setzten Truppentransporte ein. Musikkapellen spielten zum Abschied. Frauen sammelten sich am Bahnsteig. Sie streuten Blumen, riefen: »Hurra! Hurra!« und winkten fröhlich, als die Dampflokomotive sich in Bewegung setzte. Die Parolen an den Waggons lasen sich, als stünde eine Vergnügungsreise bevor: »Zum Frühstück in Paris« oder »Freie Fahrt über Lüttich nach Paris«.

Blumen beim Abmarsch an die Front

Während die ersten Kompanien bereits kämpften, rückten immer neue Verbände aus. Tag und Nacht donnerten Züge durchs Land. Ganze Klassenräume und Hörsäle der Universitäten blieben leer, weil sich die jungen Männer in Scharen freiwillig an die Front meldeten.

Erste Erfolge an der Ostfront schienen die Siegeszuversicht zu bestätigen. Bereits Ende August 1914 besiegte die deutsche Armee in der Nähe des Ortes Tannenberg westlich von Masuren russische Truppen. Heerführer war Paul von Hindenburg, sein Stabschef Erich Ludendorff.

Schlacht an der Marne Für die Westfront sah der Kriegsplan den Durchmarsch durch das neutrale Belgien vor. Anschließend sollten die deutschen Truppen gegen Paris vorstoßen. Tatsächlich näherten sich einige Einheiten bis auf 30 Kilometer der französischen Hauptstadt. Aber dann setzten Franzosen und Briten zum Gegenschlag an. In der Schlacht am Seine-Nebenfluss Marne im Herbst 1914 stoppten sie den deutschen Vormarsch. Die Landser, wie die deutschen Soldaten auch genannt wurden, ahnten: Entweder hatten die Generäle sie belogen oder die Lage völlig falsch eingeschätzt. Von Blitzsiegen war jedenfalls keine Rede mehr.

Marneschlacht: französische Soldaten in Abwehrstellung

Generalstabschef Helmuth von Moltke von der Obersten Heeresleitung (OHL) ordnete den Rückzug an. In der deutschen Angriffslinie klaffte eine Lücke von 50 Kilometern. Britische Verbände marschierten hindurch.

Im Herbst 1914 war der Krieg im Westen nach dem gescheiterten Vorstoß auf Paris eigentlich schon entschieden. Aber niemand dachte daran aufzugeben. So begann das, was Militärfachleute »Stellungskrieg« nennen: ein mörderisches Hin und Her zwischen den Fronten.

Frankreich trug die Hauptlast Neben Belgien hatte Frankreich gleich zu Beginn die Hauptlast des Krieges zu tragen. Wie eine Dampfwalze überrollte die kaiserliche Militärmaschine das Nachbarland. Die in Reims wohnende Louise Greten erlebte zusammen mit ihrem Sohn Jean die Belagerung der Stadt durch deutsche Truppen. Ihrem zur Front eingezogenen Mann Gaston schilderte sie im Brief, wie die Innenstadt sich in ein Trümmerfeld verwandelte. Über 3000 Briefe wechselten die beiden während des Krieges. In einem berichtet der französische Soldat: »Während ich Dir schreibe, habe ich immer noch Tränen in den Augen. Vor knapp einer Viertelstunde war ich bei einem sterbenden Jungen. Der arme Kleine war verletzt und hielt mir die Hand, weinend und ständig ›Mama, Mama‹ rufend ...«

Galizische Juden auf der Flucht vor der russischen Armee. Die Zivilbevölkerung hatte auch an der Ostfront unter den Folgen des Krieges zu leiden.

Schlacht bei Tannenberg Wenn heute vom Ersten Weltkrieg die Rede ist, dann wird zumeist von den Gefechten an der Westfront gesprochen. Doch auch im Osten Europas fanden Kämpfe statt. Dort gelang der 8. deutschen Armee bereits Ende August 1914 unter dem Oberbefehl von General Paul von Hindenburg ein Sieg über die nach Ostpreußen eingedrungenen russischen Verbände. Zahlenmäßig waren die Truppen des Zaren überlegen. Generalmajor Erich Ludendorff, der mit seinem Stab die Schlachtpläne entwickelte, gelang es jedoch, den Gegner taktisch zu verunsichern und einzuschließen. Flugzeuge kontrollierten russische Truppenbewegungen. Außerdem konnte der russische Funkverkehr abgehört werden. Die Oberste Heeresleitung stellte die siegreiche Schlacht bei Tannenberg und die Versenkung von drei englischen Panzerkreuzern durch deutsche U-Boote groß heraus, nicht zuletzt, um von den Problemen an der Westfront abzulenken und ersten Friedensbemühungen einen Riegel vorzuschieben.

Vielvölkerschlacht in Flandern

England: Kampfuntaugliche Rekruten Bei Ausbruch des Ersten Weltkriegs besaß England eine Berufsarmee von nur etwa 247 000 Mann, die kurzfristig verstärkt werden sollte. Als Militärärzte begannen, hastig junge Männer zu mustern, stellten sie fest, dass fast die Hälfte von ihnen für die Front untauglich war. Sie waren unterernährt und abgemagert. In vielen Familien wurde gehungert. Die angehenden Soldaten mussten daher aufgepäppelt werden. Für die Bevölkerung bedeutete der Krieg immer neue Entbehrungen und unermessliches Leid. In einem englischen Schlager hieß es: »Goodbye Dolly, ich verlasse dich, auch wenn es mir das Herz bricht, denn eine innere Stimme sagt mir, dass ich an der Front gebraucht werde, um gegen den Feind zu kämpfen …« Der Feind hatte einen Namen. »Hang the Kaiser!« lautete eine Parole.

Der britische Appell zum Kriegsdienst ruft dazu auf, sich noch am selben Tag freiwillig zu melden.

Soldaten aus 30 Nationen beteiligten sich an der Vielvölkerschlacht in Flandern. Auf Seiten der britischen, kanadischen und französischen Truppen kämpften Menschen aus den Kolonien dieser Länder: Indianer, Sikhs, Maori, auch Chinesen und Senegalesen – über 60 000 insgesamt.

»Andenken« an den Krieg

Im belgischen Flandern müssen die Bauern beim Pflügen noch heute Acht geben: Immer wieder kommen Blindgänger zum Vorschein, also Granaten oder andere Geschosse, die im Ersten Weltkrieg nicht explodiert sind. Vor allem aber ist der Boden durchsetzt mit menschlichen Knochen. Das Gebiet zwischen Nordfrankreich und Holland gleicht einem riesigen Gräberfeld. Hunderttausende sind in Flandern gefallen. Die meisten fanden keine letzte Ruhestätte auf einem der zahllosen Soldatenfriedhöfe. Sie blieben einfach dort liegen, wo sie tödlich getroffen worden waren.

Beim Marsch durch Belgien war das deutsche Heer im Oktober 1914 in Flandern auf erbitterten Widerstand gestoßen. Der hochgerüsteten Flotte war es nicht gelungen, den englischen Truppen beim Übersetzen über den Ärmelkanal den Weg abzuschneiden. Britische, französische und kanadische Verbände – Kanada gehörte damals noch zum britischen Königreich – stürmten den deutschen Angreifern entgegen und verwickelten sie in heftige Gefechte. Es begann ein Stellungskrieg, der Jahre dauerte. Gekämpft wurde um jeden Quadratmeter. Dabei tötete man mit allem, was die Kriegsindustrie zu bieten hatte: mit Bomben, Granaten, Minen, Gewehrkugeln, mit Bajonett, Dolch und Messer.

Die Pickelhaube, Kopfbedeckung der deutschen Armee, war für den Feind leicht erkennbar und bei alliierten Soldaten ein beliebtes Souvenir. Sie wurde schließlich durch den Stahlhelm ersetzt.

Kanonenfutter Unter den deutschen Soldaten waren viele junge Männer, die wenige Wochen zuvor noch die Schulbank gedrückt oder Hörsäle gefüllt hatten. Anfang November 1914 unternahm eine solche Einheit aus Freiwilligen in der Nähe von Langemarck (heutige Schreibweise: Langemark) einen Durchbruchsversuch und stieß dabei auf britische Berufssoldaten. Reihenweise starben die unerfahrenen jungen deutschen Soldaten im Kugelhagel der Engländer. Blutjunge Menschen wurden so zu »Kanonenfutter«, wie man solche sinnlosen Opfer bald nannte. »Mutter! Mutter!« – ihre letzten Hilferufe verhallten zwischen Bombentrichtern und Baumstümpfen. Auf einem Gelände unweit von Langemarck, das als Friedhof der Abiturienten und Studenten in Erinnerung blieb, wurden sie beerdigt. Deutsche Zeitungen stellten das Geschehen aus Propagandagründen jedoch in einem positiven Licht dar. Sie schrieben: »Westlich Langemarck brachen junge Regimenter unter dem Gesang *Deutschland, Deutschland, über alles* gegen die erste Linie der feindlichen Stellungen vor und nahmen sie.«

Auch die Alliierten erlitten schwere Verluste. Ein Viertel aller britischen Kriegstoten des Ersten Weltkriegs starb bei den Kämpfen um die belgische Stadt Ypern. Historiker haben ausgerechnet, dass jeder Meter Boden 70 Mann das Leben gekostet hat. *Flanders Fields* ist bis heute in Großbritannien ein fester Begriff für ein Kriegsgeschehen, das nur Opfer kennt.

Wir sehen Menschen leben, denen der Schädel fehlt; wir sehen Soldaten laufen, denen beide Füße weggefetzt sind; sie stolpern auf den splitternden Stümpfen bis zum nächsten Loch; ein Gefreiter kriecht fast einen Kilometer weit auf den Händen und schleppt die zerschmetterten Knie hinter sich her; ein anderer geht zur Verbandsstelle; und über seine festhaltenden Hände quellen die Därme; wir sehen Leute ohne Mund, ohne Unterkiefer, ohne Gesicht.

Der Schriftsteller Erich Maria Remarque in seinem Roman *Im Westen nichts Neues*. Remarque kämpfte 1917 als Soldat an der Westfront.

Toter deutscher Soldat in Ypern

Weihnachten 1914 Englische Soldaten stellten Heiligabend einen Christbaum auf den Rand ihres Schützengrabens und sangen Weihnachtslieder. Ihre deutschen Gegner folgten ihrem Beispiel. Es kam zu einer Verbrüderung. Dabei wurden Geschenke ausgetauscht und eine Feuerpause vereinbart, um Tote und Verwundete zu bergen. Dieser Waffenstillstand ging als »Weihnachtsfrieden« (in England *Christmas Truce* genannt) in die Geschichte ein. Als die Heeresleitungen von den Vorfällen erfuhren, wurden die Soldaten an andere Frontabschnitte versetzt, um weitere Verbrüderungen zu verhindern.

Langemarck, Ypern, Passendale – Diese Ortsnamen markieren die Tragödien des Ersten Weltkriegs an der Westfront. Langemarck wurde später von Naziführern zum Heldenmythos verklärt.

Der Vorteil der Gasmunition kommt im Stellungskrieg zu besonderer Entfaltung, weil der Gaskampfstoff hinter jeden Erdwall und in jede Höhle dringt, wo der fliegende Eisensplitter keinen Zutritt findet.

Fritz Haber, Chemieprofessor, Erfinder des Gas-Abblasverfahrens aus Metallflaschen

Die armen Teufel! Sie waren blind, von Blasen bedeckt und ganz klebrig von den Verätzungen, die das Senfgas verursacht. Sie kriegen nicht genug Luft und können nur noch röcheln, weil es ihnen die Kehle abwürgt, und sie wissen, dass sie ersticken werden.

Eine britische Krankenschwester

Von Tränengas geblendete Briten

Deutsche Soldaten beim Gasangriff

Giftgas als Waffe

»Gas! Gasangriff! Gas!« – kaum ein Warnruf löste an der Front ein solches Entsetzen aus wie dieser. Diese Waffe war so ganz anders als die, mit denen Soldaten normalerweise Mann gegen Mann kämpften. Giftgas empfanden sie als unheimlich und tückisch. Chemische Kampfstoffe wie Chlor, Phosgen und Senfgas drangen über die Haut oder durch Einatmen in den Körper. Das Gift verätzte die Atemwege und verbrannte die Lungen. Es führte zu Erblindungen und ließ die Menschen qualvoll ersticken.

Todbringender Wind Das deutsche Heer setzte im April 1915 in der zweiten Flandernschlacht bei Ypern erstmals Giftgas in großem Maßstab gegen französisch-algerische Truppen ein. Der erste Gasangriff erfolgte am Nachmittag des 22. April. Sobald die Windrichtung stimmte, wurden 150 Tonnen Chlorgas »abgeblasen«. Eine sechs Kilometer breite Gaswolke legte sich auf die französischen Stellungen und trieb die Soldaten in wilder Verzweiflung aus ihren Schützengräben. Da sie keine Gasmasken besaßen, starben allein beim ersten Angriff über 1200 von ihnen.

An der Ostfront setzte das deutsche Heer ebenfalls Giftgas ein, und zwar in Polen gegen vorrückende russische Verbände. Auch dort war die Wirkung verheerend. Die Truppen des Zaren wichen zurück und überließen den Deutschen das Schlachtfeld. In den Isonzo-Schlachten zwischen Österreich-Ungarn und Italien wurde ebenfalls Giftgas verwendet, hauptsächlich Phosgen.

Isonzo-Schlachten Die zwölf Schlachten in der Gebirgslandschaft am Fluss Isonzo (heute überwiegend Slowenien) kosteten zwischen 1915 und 1918 mehr Menschenleben als die Kämpfe um Verdun und an der Somme. Ein Jahr nach Kriegsausbruch gab Italien seine neutrale Haltung auf und beteiligte sich auf der Seite der Alliierten am Krieg. Der Kampf ging ähnlich wie an der Westfront immer wieder in einen mörderischen Stellungskrieg über. Die österreichischen und ungarischen Truppen hatten einen schweren Stand gegen die italienischen Verbände. Erst als Österreich-Ungarn von Deutschland unterstützt wurde, gab sich der frühere Bündnispartner Italien geschlagen. Die Dauer der Isonzo-Schlachten und die ungeheuren Verluste an Menschenleben waren nicht zuletzt auf die Unfähigkeit der Generäle auf beiden Seiten zurückzuführen.

Geschütztransport ins Hochgebirge entlang der Isonzo-Front

Gegenangriffe mit Gas Die Alliierten arbeiteten fieberhaft daran, eigene Kampfstoffe zu entwickeln. Im Herbst 1915 starteten die Briten ihren ersten Gegenangriff mit Gasflaschen, die neben Chlor noch andere Gifte enthielten. In der Schlacht an der Somme 1916 unternahmen britische Einheiten über 100 Angriffe mit Gasflaschen.

Anstelle der Gasflaschen traten bald Gasgranaten, die von Geschützen in die gegnerischen Stellungen geschleudert wurden. Der Nachteil der Gasflaschen hatte darin bestanden, dass bei einer plötzlichen Drehung des Windes die sich auf breiter Linie abgeblasene Gaswolke gegen die eigenen Leute richten konnte. Gasgranaten, die zuerst von Frankreich eingesetzt wurden, machten es möglich, mit diesem Kampfmittel gezielter gegen den Feind vorzugehen. Chemiker stellten zudem Stoffe her, die die Filter in den Gasmasken zerstörten. Die Soldaten rissen dann sofort die Maske vom Gesicht und versuchten, sich mit Stofftüchern zu behelfen, die sie vor Mund und Nase hielten.

Auch Tiere und Pflanzen waren dem heimtückischen Gift schutzlos ausgesetzt. Im Tagebuch eines Offiziers heißt es: »Ein großer Teil der Pflanzen war verwelkt, Schnecken und Maulwürfe lagen tot umher, und den Pferden der Meldereiter lief das Wasser aus Maul und Augen.«

Norden, den 16. Mai 1918.
Nach langem, mit grosser Geduld ertragenem Leiden entschlief heute morgen 8 Uhr an den Folgen einer vorm Feinde erlittenen Gasvergiftung im festen Glauben an seinen Erlöser unser lieber Sohn, Bruder, Schwager, Onkel und Neffe, mein herzensguter Bräutigam, unser lieber Schwiegersohn, der freiw. Musketier [5594

Conrad Meyer,

Inh. d. E. K. II. Kl.,

in seinem 23. Lebensjahre.
Dieses bringen — auch namens eines im Felde stehenden Bruders und 2 Schwäger — hierdurch zur Anzeige

Malermeister **C. Meyer** und Familie.
Aleida Goldenstein.
P. Goldenstein und Familie.

Die Beerdigung findet am Dienstag, den 21. Mai, nachmittags $2^1/_2$ resp. 3 Uhr, vom Sterbehause aus statt.

Todesanzeige für den aus Norden (Ostfriesland) stammenden Conrad Meyer, der »an den Folgen einer vorm Feinde erlittenen Gasvergiftung« starb.

Chemische Waffen Die Chemieindustrie des Kaiserreichs war weltweit führend. Chlorgas bildete ein Abfallprodukt, bis Wissenschaftler auf die Idee kamen, es in Metallflaschen abzufüllen und der kämpfenden Truppe als Waffe zur Verfügung zu stellen. Chemieunternehmen verdienten also am Gaskrieg. Nach der Haager Landkriegsordnung war der Einsatz chemischer Kampfstoffe verboten. Deswegen sprach die deutsche Seite wahrheitswidrig von Reizgas.

Britischer Mörser zum Abfeuern von Gasgranaten

Mensch und Tier waren den grausamen Gasangriffen ausgesetzt.

Schlacht bei Verdun: Munitionslager der französischen Artillerie

Grauen des Krieges

Um die Jahreswende 1915/1916 änderte die Oberste Heeresleitung ihre Taktik. Der Grund: Gleich mehrere Kriegsziele waren nicht erreicht worden. Mit der erfolglosen Schlacht an der Marne scheiterte zugleich der Generalangriff auf Paris. Der Durchmarsch des Heeres durch Belgien wurde in Flandern gestoppt. Und wenn ein Land bislang aus den Kämpfen gestärkt hervorgegangen war, dann war das England, nicht Deutschland. Außerdem verlangte die Ostfront nach zusätzlichen Truppen. Dort sollten die Anfangserfolge der Deutschen und Österreicher abgesichert werden.

In dieser Situation entschied sich die Heeresleitung, die Festung Verdun anzugreifen und dabei möglichst einen Keil zwischen Paris und London zu treiben. Ein geschwächter Bündnispartner könnte, so dachte man in Berlin, Großbritannien vielleicht zum Nachdenken über seine Kriegsziele bewegen. Verdun galt als Bollwerk gegen Angriffe aus dem Osten. Ein solches Symbol nationaler Verteidigungskraft konnte Frankreich nicht ohne Weiteres preisgeben.

Bis heute ist unklar, ob die 5. Armee unter dem Kommando von Kronprinz Wilhelm die Festung Verdun wirklich erobern sollte. Der Prinz selber war dazu entschlossen. Die Oberste Heeresleitung wollte die Kampfkraft der Franzosen jedoch möglichst lange an Verdun binden, um sie auf Dauer zu schwächen und »auszubluten«. So entwickelte Verdun sich zur ersten großen »Abnutzungsschlacht«, wie diese langwierigen Kämpfe damals genannt wurden. Der Name Verdun steht zugleich für eine gewaltige Materialschlacht, für Grauen und Gemetzel, für das Massensterben zwischen Schützengräben und Bombenkratern. Nicht nur die Franzosen bluteten aus, sondern auch die Deutschen. Auf dem größten Schlachtfeld im Ersten Weltkrieg starben zwischen Februar und Dezember 1916 über 300 000 Soldaten. Das bedeutete im Schnitt täglich tausend Tote.

Kampf um die Festung Verdun

Der Irrsinn des Krieges

Die »Dicke Bertha« in Angriffsstellung

Mit einer nie da gewesenen Feuerkraft ging die deutsche Artillerie im Februar 1916 gegen die Festung Verdun vor. In den Wochen zuvor hatten Güterzüge Berge von Munition herangeschafft. Eine eigens angelegt Frontbahn brachte die Geschosse bis zur vordersten Kampflinie. Minenwerfer und über 1200 Geschütze leiteten den Angriff ein, darunter die »Dicke Bertha«, die Bomben mit verheerender Sprengkraft abfeuerte. Ein ohrenbetäubendes Getöse lag über dem Schlachtfeld. Deutsche Flugzeuge umkreisten das Gebiet. Die Piloten erkundeten französische Stellungen, warfen Bomben ab und machten Luftaufnahmen, um den Bodentruppen Angriffspunke zu melden.

Deutsche Kanoniere steigerten sich in einen derartigen Kampfrausch, dass manche von ihnen vor Erschöpfung umfielen. Das Artilleriefeuer war jedoch erst der Auftakt der Schlacht. Danach ging die Infanterie, also die Bodentruppen, zum eigentlichen Angriff über. Vorher hatten Stoßtrupps das Gelände erkundet. Das waren kleine Einheiten, deren Ausrüstung aus leichten Maschinenge-

Was erfuhr die Heimat? Im Ersten Weltkrieg gab es nur wenige Kriegsberichterstatter. Die Zeitungen veröffentlichten die offizielle Propaganda. Die Bevölkerung konnte sich zum Teil ein eigenes Bild vom tatsächlichen Kriegsverlauf machen, etwa durch die Feldpostbriefe und die Berichte der Frontsoldaten beim Heimaturlaub. Außerdem sprachen die Todesanzeigen und die Zahl der Verwundeten für sich.

Zur Festung Verdun führte nur eine Straße, deren Bedeutung als Nachschubweg den Deutschen offenbar verborgen blieb: Die Strecke wurde nur einige Male bombardiert. Als »Heilige Straße« ging sie in die Geschichte ein.

»Frontschweine« hießen Soldaten, die an vorderster Linie in einem Labyrinth von Schützengräben kämpfen mussten.

wehren, Patronengurten, Stil-Handgranaten, Gasmasken und Flammenwerfern bestand. Die Soldaten hatten gelernt, sich im Niemandsland zwischen Stacheldraht, Minen und Bombentrichtern geräuschlos zu bewegen.

General Pétain Die Eroberungen vorgelagerter Festungsanlagen sowie einzelner Dörfer durch die Infanterie wurden in Deutschland wie großartige Siege gefeiert, als habe Verdun sich bereits ergeben. In Wirklichkeit entbrannte ein lang anhaltender, verbissener Kampf. Ende Februar 1916 hatte auf französischer Seite General Philippe Pétain die Verteidigung Verduns übernommen. Pétain erkannte, dass die Deutschen trotz ihres mächtigen Trommelfeuers die Festung niemals in einem Anlauf erobern könnten. Sieger werde am Ende der sein, der den Abnutzungskrieg am längsten durchhalten würde.

Pétain ließ die kämpfende Truppe daher regelmäßig austauschen und kümmerte sich um den Nachschub. In ganz Frankreich beschlagnahmte das Militär Tausende von Fahrzeugen für den Transport von Munition, Kriegsgerät und Lebensmitteln.

Anhöhe *Toter Mann* In den Monaten März und April 1916 lieferten sich die Gegner Gefechte mit besonders hohen Verlusten. Es ging um zwei Anhöhen, die für den weiteren Vormarsch als wichtig angesehen wurden, »Toter Mann« und »Höhe 304« genannt. Immer wieder stürmten deutsche Infanteristen todesmutig aus ihren Schützengräben, um eine der etwa 300 Meter hohen Erhebungen zu besetzen. Gleichzeitig peitschten Granaten gegen die Stellungen der Franzosen. Ein französischer Hauptmann berichtete, er sei mit 175 Mann ausgerückt und mit 34 zurückgekommen; davon seien einige fast verrückt geworden. »Sie antworteten nicht mehr, wenn ich sie ansprach.«

Ansturm auf die Höhe »Toter Mann«. Verdun galt im Ersten Weltkrieg als eine der am besten gesicherten Festungen. Das Bollwerk war umgeben von etwa 40 Befestigungen, darunter Anlagen, die mit Geschütztürmen, Maschinengewehren und Beobachtungsposten ausgerüstet waren. Gräben, Wallanlagen und Sperrgürtel aus Beton sollten Angreifer möglichst schon im Vorfeld abwehren.

Im Schützengraben Wenn den Soldaten aus dem Ersten Weltkrieg etwas in Erinnerung geblieben ist, dann ist es der Grabenkrieg. Im Schützengraben konnten ganze Einheiten Deckung finden. Die Gräben waren häufig mit Unterständen und Bunkern zum Ausruhen und Lagern von Munition verbunden. Durch gegnerisches Artilleriefeuer und bei schlechtem Wetter verwandelten sich die Schützengräben häufig in Schlammwüsten. Kälte und Ungeziefer wie Läuse, Flöhe und Ratten machten den Soldaten zu schaffen. Nach schweren Bombardements konnten Verwundete und Tote oftmals erst Tage später, manchmal auch gar nicht geborgen werden. Erstmals haben im 17. Jahrhundert Truppen des Osmanischen Reiches bei Belagerungen in Südeuropa in größerem Umfang Schützengräben angelegt.

Herbst 1916: Nordfrankreich versinkt im Schlamm.

Kampf um die Festung Verdun

Französische Soldaten schleudern Felsbrocken gegen deutsche Angreifer.

Ein wärmendes Feuer für die von Läusen und Ratten geplagten Frontsoldaten bei Verdun

Künstler im Krieg Die Woge der Kriegsbegeisterung hatte 1914 in Deutschland nicht nur weite Kreise der Bevölkerung erfasst, sondern auch Künstler und Schriftsteller. Auch zwei Maler, die zu den großen Künstlern des 20. Jahrhunderts gezählt werden, wurden zu Opfern des Krieges: Franz Marc und August Macke. Beide waren freundschaftlich verbunden, inspirierten sich gegenseitig und kamen auf dem Schlachtfeld um. Macke fiel, kaum dass er die Westfront erreicht hatte, im September 1914 in der Champagne. Marc, der als Künstler vom Militärdienst befreit werden sollte, wurde 1916 am letzten Tag seines Einsatzes bei einem Erkundungsritt unweit der Festung Verdun von Granatsplittern tödlich getroffen. In einem Brief hatte er zuvor den Krieg den »gemeinsten Menschenfang, dem wir uns ergeben haben«, genannt. Beide Maler hatten geglaubt, die Schlachten würden wie ein reinigendes Gewitter wirken und Europa von überkommenem Ballast befreien.

So dachte auch der Schriftsteller Thomas Mann: »Es war Reinigung, Befreiung, was wir empfanden, und eine ungeheure Hoffnung.« Ernst Jünger nannte den Krieg gar »Feier des Lebens«. Einige seiner Bücher lesen sich wie Loblieder auf das Morden an der Front.

August Macke: *Abschied,* Gemälde von 1914

Die Hölle schlechthin

Die Schlacht um Verdun ging im Frühsommer 1916 in einen Stellungskrieg über. Das Wetter war kalt und regnerisch. Die Anhöhen »Toter Mann« und »Höhe 304« blieben lange umkämpft. Einmal gewannen die Deutschen, dann die Franzosen die Oberhand. Kaum hatte eine Seite Gelände erobert, versuchte der Gegner, den Verlust durch noch härteren Einsatz wettzumachen. Ein zermürbendes Hin und Her, bei dem die Anhöhen mehrfach die Fahnen wechselten: mal wurde die Reichsflagge gehisst, dann wieder die Trikolore.

Der Nahkampf nahm schreckliche Formen an. Soldaten warfen Handgranaten in gegnerische Unterstände, gingen mit dem Bajonett oder dem Spaten aufeinander los. Auf beiden Seiten kam es vor, dass die eroberten Schützengräben »gesäubert«, das heißt, Gefangene und Verwundete sofort erschossen wurden. Hunderttausende von Menschen starben, ohne dass militärische Vorteile für die eine oder andere Seite erkennbar waren. So ging es fast zehn Monate lang.

Das Schlachtfeld als Totenacker In den Sommermonaten 1916 lag ein beißender Leichengeruch über dem Schlachtfeld, das von Granaten und Minen gleich mehrfach durchpflügt worden war. Gefallene Soldaten – Deutsche wie Franzosen – blieben nach einem Gefecht einfach liegen. Auch die Bergung von Verwundeten scheiterte immer wieder am Granatfeuer. Das Flehen der Sterbenden zu hören, ohne helfen zu können, gehörte für ihre Kameraden zum Schrecklichsten überhaupt.

Im Herbst 1916 setzte starker Regen ein. Das Kampfgebiet verwandelte sich in eine Schlammwüste. Die Solda-

Der zerwühlte Kampfplatz war grauenhaft. Zwischen den lebenden Verteidigern lagen die toten. (...) Eine Kompanie nach der anderen war, dicht gedrängt im Trommelfeuer ausharrend, niedergemäht (...) worden, und die Ablösung war an den Platz der Gefallenen getreten. Nun war die Reihe an uns.

Ernst Jünger, Offizier im Ersten Weltkrieg, Schriftsteller und Philosoph, in seinem Buch *In Stahlgewittern*

ten fanden keine Deckung mehr. Einige rutschten mit ihrer schweren Ausrüstung in die mit Wasser gefüllten Bombentrichter und steckten im Schlamm fest. Zusätzliche Pferdegespanne waren nötig, um Geschütze zu bewegen und den Nachschub sicherzustellen. Vorräte mussten zum Teil nachts an die Front geschafft werden. Aber auch das war gefährlich. Sobald Leuchtraketen das Schlachtfeld in ein gleißendes Licht tauchten, nahmen Scharfschützen die Landser ins Visier. Hunger und Durst trieben die Soldaten noch weiter in die Verzweiflung. Manchmal mussten die zu Tode Erschöpften Tage und Wochen in den Schützengräben ausharren.

Nächtlicher Granatangriff

Brandmal eines Jahrhunderts Verdun wurde zum Schreckensbegriff, zum Brandmal eines Jahrhunderts. Die Schlacht galt als »Knochenmühle« oder »Hölle« schlechthin. Der Stellungskrieg kannte letztlich weder Sieger noch Besiegte. Als die Kämpfe im Dezember 1916 schließlich eingestellt wurden, war der Frontverlauf fast unverändert geblieben. Die Festung Verdun hatte dem deutschen Angriff standgehalten – darauf kam es an. General Pétain wurde als »Retter von Verdun« zum Helden Frankreichs. Erich von Falkenhayn, der Chef der Obersten Heeresleitung, musste zurücktreten. Zwei Jahre nach Kriegsbeginn wartete das Kaiserreich weiter auf einen Durchbruch im Westen.

Der unbekannte Soldat Im Umfeld von Verdun wurden zahlreiche Soldatenfriedhöfe angelegt. In einem Gebeinhaus der ehemaligen Festungsanlage Douaumont werden die Knochen von etwa 130 000 deutschen und französischen Soldaten aufbewahrt, deren Namen unbekannt geblieben sind.

Erste Hilfe für Verwundete

Die Last des Krieges

Zerstörte Gebäude in Ostpreußen

Belgier auf der Flucht

Frauen im Krieg Krieg war Männersache. Aber in der Heimat trugen Frauen die Hauptlast des Krieges. Niemand hatte sie gefragt, ob sie bereit wären, die Lücken zu füllen, die der Ehemann hinterließ. In den Familien fehlte der Vater und auf dem Hof der Bauer, um Äcker und Felder zu bestellen. In den Fabriken mangelte es an Arbeitskräften. Überall mussten Frauen einspringen. Und je länger der Krieg dauerte, desto größer wurde die Bürde. Dazu kam die Angst um die Männer an der Front. Mit jedem Kriegsjahr wuchs die Not: Lebensmittel wurden bereits im Herbst 1914 knapp. Für die Betreuung der Kinder fehlte die Zeit. Aber der Staat forderte immer mehr. Frauen sollten Geld und Schmuck abgeben, für die Frontsoldaten stricken, nähen und Päckchen schicken. Während den Soldaten bald Denkmäler errichtet wurden, blieben Frauen die stillen Heldinnen des Krieges.

Frauen mussten in der Fabrik und auf dem Hof die Männer ersetzen. Hier: Arbeiterinnen einer Munitionsfabrik

An der Heimatfront

Der Krieg veränderte das Leben der Menschen von Grund auf. Das galt vor allem für die von Deutschland überfallenen Länder, wo der Krieg die Einwohner aus ihren Häusern vertrieb, Städte in Schutt und Asche legte und ganze Dörfer ausradierte. Aber auch in Deutschland trugen nicht nur Erwachsene, sondern auch Kinder und Jugendliche schwer an der Last des Krieges. Sie verloren den Vater, den älteren Bruder oder andere enge Verwandte. Ihre Lehrer kämpften an der Front, Schulklassen wurden zusammengelegt oder der Unterricht fiel ganz aus. Da es überall an Arbeitskräften fehlte, halfen Schulkinder beim Bestellen der Felder oder beim Einbringen der Ernte mit.

Pilze und Brennnesseln Schon wenige Wochen nach Kriegsbeginn geriet in Deutschland die Schul- und Berufsausbildung zur Nebensache. Schülerinnen und Schüler übernahmen alle erdenklichen Arbeiten. Sie sammelten Blätter von Brombeeren, Himbeeren und Erdbeeren, trockneten sie, damit diese den Soldaten als Tee-Ersatz geschickt wurden. Auch Pilze waren gefragt sowie Brennnesseln, deren Stängel zu Gewebefasern und dann zu Stoffen verarbeitet wurden. Laub diente als Pferdefutter, Schweine bekamen Eicheln und Kastanien zu fressen, aus Sonnenblumenkernen sowie Bucheckern stellten Öl-

mühlen Öle und Fette her. Wollsachen, Knochen, Altpapier und Konservendosen – alles wurde gesammelt und verwertet.

Metallsammlungen waren ebenfalls häufig Sache von Jungen und Mädchen. Eisen, Zinn, Kupfer und Messing waren gefragt. Türklinken und Fensterbeschläge aus Messing verwandelten sich nach dem Einschmelzen in Kriegsgerät. Glocken auf Kirchtürmen und Schulen verschwanden ebenfalls im großen Schmelztiegel, aus dem der Krieg seinen Nachschub an Waffen und Munition bezog.

Überall taten sich Engpässe auf, bei der Kohle etwa, sodass viele Schulen nicht mehr beheizt werden konnten. Wichtige Lebensmittel waren nur noch auf Karten zu bekommen, die von Behörden ausgestellt und im Laden eingelöst wurden. Brot schmeckte plötzlich anders als gewohnt, denn dem Getreide war Kartoffelmehl beigemischt worden. Großstädter unternahmen Hamsterfahrten aufs Land. Sie kauften dort Brot, Eier und Kartoffeln oder tauschten die Lebensmittel gegen Wertsachen wie Schmuck ein.

Heimliche Notvorräte Die Behörden überzogen die Landwirtschaft mit einem dichten Netz von Vorschriften. Feldjäger kontrollierten die Einhaltung. So durfte Getreide nicht mehr an Vieh verfüttert werden. Hausschlachtungen bedurften einer Genehmigung. Ein Teil der Roggen- und Kartoffelernte wurde beschlagnahmt. Der Staat kaufte Pferde und Rinder in großer Zahl. Viehbestände, Wintervorräte und Ackerflächen wurden gezählt und vermessen. Manche Bauern kamen den Kontrolleuren zuvor. Sie legten im Wald versteckte Kartoffelmieten an und schlachteten nachts heimlich Schweine und Hühner für den eigenen Bedarf.

Wer kann sich heute vorstellen, dass ein sechsjähriger Junge einen ganzen Sommer lang zu Fuß von Meppen nach Groß Fullen (Entfernung: zehn Kilometer) läuft, nur um dort einen Liter Milch – ohne Marken – zu holen?

Zeitzeuge Hermann Friese, während des Krieges ein Schulkind

Metalle, von Kindern für den Krieg gesammelt

»Liebesgaben« Die Heeresverwaltung ersann immer neue Methoden, die Bevölkerung zu Geldspenden zu bewegen. Die Aufrufe erinnerten an die Gefahren und Entbehrungen der Soldaten an der Front. Das Mitleid mit ihnen sollte sich in »Liebesgaben« ausdrücken, möglichst in Form von Geld. Mehrere Organisationen sammelten Geld und Schmuck. Hier die wichtigsten:

- Rotes Kreuz: Das Rote Kreuz betreute Verwundete an der Front.
- Ludendorff-Spende: Die nach dem General benannte Spende sollte Kriegsinvaliden zugute kommen.
- Hindenburg-Abgabe: Geld zur Beschaffung warmer Winterkleidung für die Truppen an der Ostfront
- U-Boot-Spende: Unterstützung zugunsten von U-Boot-Besatzungen
- Nägel einschlagen: Bei Kindern besonders beliebt. Jeder Nagel brachte eine kleine Spende. Die vielen eingeschlagenen Nägel ergaben zum Beispiel die Form eines Eisernen Kreuzes, das als »Schmuckstück« im Klassenzimmer hing.

Kamerad Pferd Die enge Kameradschaft der Soldaten untereinander teilten sie auch mit den Pferden, die im Ersten Weltkrieg trotz moderner Technik unverzichtbar blieben. Die Tiere zogen schwere Geschütze durch Schlammwüsten und dienten der Kavallerie beim schnellen Angriff. Als Zug- und Tragetiere standen die »Schlachtrosse« zumeist mit an vorderster Front und teilten vielfach das Schicksal der Menschen. »An jedem Gefechtstag starben Tausende von Pferden; nicht selten lagen ihre Verlustzahlen über denen der Menschen«, heißt es in einem Aufsatz. Mit dem Film *War Horse* (dt. *Gefährten*, USA 2011) nach der gleichnamigen Geschichte von Michael Marpugo hat der amerikanische Regisseur Steven Spielberg einem solchen Kriegspferd ein Denkmal gesetzt. Hier: Nicolas Bro als Friedrich

Mädchen und Frauen sammeln Bucheckern.

Schlacht an der Somme

Geopferte Soldaten Der 1. Juli 1916 wurde wegen der hohen Verluste zum »schwärzesten Tag der britischen Militärgeschichte«. Der Befehlshaber der britischen Streitkräfte, General Douglas Haig, hatte die Lage offenbar falsch eingeschätzt. Seine Soldaten verloren beim Vormarsch bald die Orientierung. Sie irrten zwischen Stacheldrahtverhauen und Bombentrichtern umher. Doch die gewaltigen Verluste spielten letztlich weder auf Seiten der Alliierten noch der deutschen Angreifer eine große Rolle; sie wurden – so menschenverachtend es klingt – in Kauf genommen. Im Übrigen geschah es selten, dass Soldaten versuchten, vom Schlachtfeld zu fliehen. Deserteure mussten, wenn sie gefasst wurden, mit harten Strafen rechnen. Auf deutscher Seite wurden im Ersten Weltkrieg gegen flüchtige Soldaten 38 Todesurteile verhängt, auf britischer Seite dagegen 269.

Britische Panzer im Einsatz an der Somme

Somme 1916: Dem britischen Soldaten ist die ganze Verzweiflung ins Gesicht geschrieben.

Kriegsgefangene Von den im Ersten Weltkrieg eingesetzten 55 Millionen Soldaten kamen etwa acht Millionen in Kriegsgefangenschaft. Im Laufe des Krieges starben in Lagern insgesamt etwa 2,2 Millionen Kriegsgefangene. Allein in der für Deutschland siegreichen Schlacht in Tannenberg im August 1914 gerieten etwa 95 000 russische Soldaten in Gefangenschaft. Nach der »Brussilow-Offensive«, so genannt nach dem russischen General Alexej Brussilow, mussten sich auf dem Gebiet der heutigen Westukraine und Weißrusslands nach Schätzungen etwa 325 000 Österreicher und Ungarn ergeben. Viele wurden in sibirische und zentralasiatische Lager gebracht. Der Vormarsch gilt als die erfolgreichste Operation der Zarenarmee im Ersten Weltkrieg.

Kriegsverbrechen und falsche Strategien

Die Schlacht um Verdun war noch in vollem Gange, als Frankreich seinen Verbündeten Großbritannien drängte, eine weitere Front gegen die Deutschen zu eröffnen. Dadurch sollte der Druck auf die eigenen Truppen gemildert werden. Infolgedessen kam es zur Schlacht am Fluss Somme in Nordfrankreich, die von Juli bis November 1916 dauerte. Sie stellte alles in den Schatten, was es bis dahin auf den Schlachtfeldern des Ersten Weltkriegs an Gewalt und Zerstörung gegeben hatte. Eine geballte Streitmacht mit Millionen hochgerüsteter Soldaten erstreckte sich über eine etwa 40 Kilometer lange Frontlinie.

Nichts als ein sinnloses gegenseitiges massenhaftes Abschlachten.

Der britische Militärhistoriker Basil Liddell Hart zur Schlacht an der Somme

Die deutschen Soldaten hatten sich Maulwürfen gleich weiträumig und tief eingegraben und warteten in ihren Schützengräben, Höhlen und Unterständen auf den Angriff. Über ein unterirdisches Telefonnetz hielten sie Kontakt.

Sturmangriff Eine Woche lang nahm die britische Artillerie die deutschen Stellungen unter Beschuss. Eine Kamera filmte, wie explodierende Minen gewaltige Erdmassen in die Luft schleuderten und riesige Krater in den Boden rissen. Nach dem Bombardement glaubten die britischen Heerführer, die Deutschen empfindlich getroffen zu haben. Sie gaben den Befehl zum Sturmangriff. Ein verhängnisvoller Irrtum. Zehntausende von Infanteristen rannten am 1. Juli 1916 gegen die deutschen Stellungen an. Dort warteten bereits die Maschinengewehr-Schützen auf sie und mähten die jungen Männer nieder. An diesem Tag fielen fast 60 000 britische Soldaten – der größte Verlust, den die britische Armee an einem einzigen Tag hinnehmen musste.

Die Kämpfe an der Somme entwickelten sich zur verlustreichsten Schlacht des Ersten Weltkriegs mit über einer Million Opfern: Tote, Verwundete und Vermisste. Militärisch war auch diese Schlacht für keine der beiden Seiten von entscheidender Bedeutung. In England reagierte die Öffentlichkeit schockiert auf die Verluste. In Deutschland kamen erneut Zweifel an einem Sieg des Kaiserreichs auf. Deutlich geschwächt trat das deutsche Heer den Rückzug von der Somme an.

Verbrannte Erde Die deutschen Truppen erhielten für den Rückzug auf die *Siegfriedstellung* (deutsche Verteidigungslinie durch Nordostfrankreich) den Befehl, alles zu zerstören, was ihnen in den Weg kam. Über 280 Dörfer wurden in Schutt und Asche gelegt, Ernten vernichtet und Häuser geplündert. Der deutsche Stoßtruppführer Ernst Jünger notierte in seinem Tagebuch: »Bis zur Siegfriedstellung war jedes Dorf ein Trümmerhaufen, jeder Baum gefällt, jede Straße unterminiert, jeder Brunnen verseucht, jeder Flusslauf abgedämmt, jeder Keller gesprengt oder durch versteckte Bomben gefährdet, jede Schiene abgeschraubt, jeder Telefondraht abgerollt, alles Brennbare verbrannt; kurz, wir verwandelten das Land, das den vordringenden Gegner erwartete, in eine Wüstenei.«

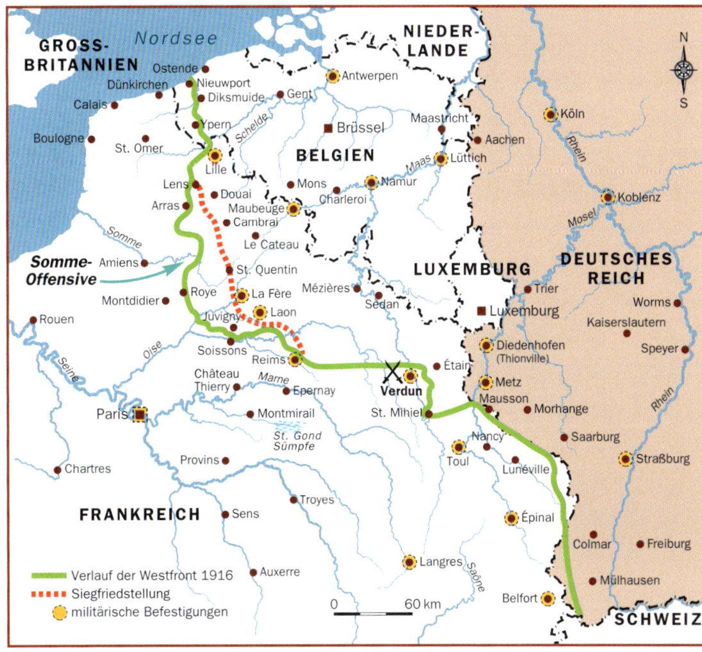

1916 verlief die Westfront von Ypern in Belgien bis Verdun. Auf beiden Seiten ballten sich Truppen, Unmengen an Kriegsgerät sowie Gräben und Tunnel.

Verbrannte Erde Nach der Haager Landkriegsordnung von 1907 war die von deutschen Soldaten nach dem Ende der Schlacht an der Somme angewandte Taktik der verbrannten Erde verboten. Sie hätte als Kriegsverbrechen geahndet werden müssen. Ebenso die Massaker, die die Reichswehr 1914 bei ihrem Marsch durch Belgien an der belgischen Zivilbevölkerung verübte. Der Völkermord der Türken an den Armeniern zählt zu den schwersten Verbrechen des Ersten Weltkriegs. Auch Österreich-Ungarn machte sich zahlreicher Verbrechen an Ruthenen (Minderheit in Galizien in der heutigen Ukraine) und Serben mit jeweils Zehntausenden von Toten schuldig.

Das Telefon wird zum wichtigen Hilfsmittel im Krieg.

Berlin. Fensterscheiben gehen zu Bruch. Soldaten patrouillieren in den Straßen.

Wende im Kriegsgeschehen

Das Jahr 1917 brachte die Wende im Kriegsgeschehen, allerdings nicht die Einsicht, dass der bisherige Verlauf nur die Sinnlosigkeit der Kämpfe deutlich gemacht hatte. In einem menschenverachtenden Wahn waren bereits Millionen von Soldaten geopfert worden – für nichts! Keine der Kriegsparteien konnte behaupten, sie habe etwas gewonnen. Für große Schlachten wie um Verdun reichten inzwischen die Kräfte nicht mehr. Vor allem das deutsche Heer war geschwächt.

Dennoch fanden weitere Gefechte statt, etwa in Flandern und an der italienischen Isonzofront (heute Slowenien). Wieder wurde auf beiden Seiten der Tod von Zehntausenden von Soldaten in Kauf genommen. In Deutschland zeigte sich, dass der Krieg das Land längst an den Rand der Katastrophe gebracht hatte. An den Kämpfen verdienten nur einige wenige Großunternehmen wie Krupp oder Stinnes (siehe S. 12), die riesige Gewinne machten. Die Bevölkerung dagegen hungerte. Den berüchtigten Steckrübenwinter 1916/17 überlebten Hunderttausende nicht. Es gab keine Kartoffeln mehr, nur noch Steckrüben. Die Regierung in Berlin machte für die Not der Menschen die Seeblockade Englands verantwortlich. Die Briten hatten bei Kriegsausbruch die Nordsee abgeriegelt, sodass von dort keine Güter mehr nach Deutschland gelangten.

Die Führung des Deutschen Reichs fühlte sich von allen Seiten unter Druck gesetzt. In dieser Situation entschied sie sich für einen Schritt, der ein Befreiungsschlag sein sollte: Zögernd gab der Kaiser den Weg frei für einen uneingeschränkten U-Boot-Krieg. Aber damit sahen sich die USA herausgefordert: 1917 traten sie aufseiten der Alliierten in den Krieg ein. Die Stimmung schlug um. Auf deutschen Kriegsschiffen meuterten Matrosen. Es kam zu Unruhen und Streiks, nicht nur in Deutschland, auch auf alliierter Seite: In Russland stürzte das Zarenregime.

Hungersnot und Kriegselend

Spanische Grippe Während der Kriegsjahre grassierte in Deutschland und in vielen anderen Ländern die Spanische Grippe, auch Influenza genannt. Der Verlauf war in vielen Fällen tödlich. Wahrscheinlich sind durch die Spanische Grippe weltweit noch mehr Menschen umgekommen als durch den Krieg. Weitere durch Krieg und Hunger verbreitete Krankheiten waren Tuberkulose, Typhus und Masern.

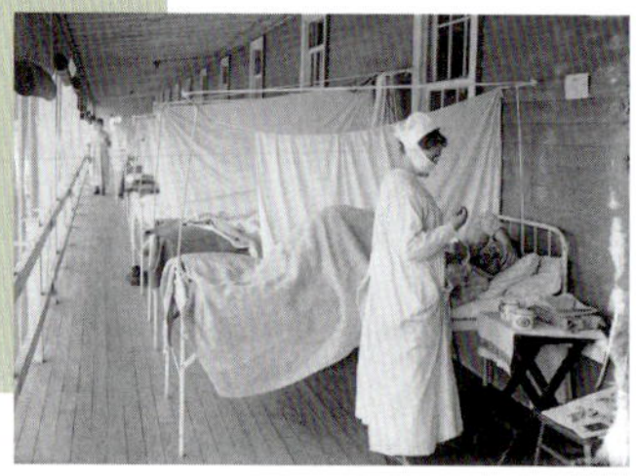

Lazarett in Washington, D.C.

Jede Person durfte pro Tag ein Pfund Kartoffeln beziehen. Arbeiter in Rüstungsbetrieben erhielten die doppelte Menge – sofern es überhaupt Kartoffeln gab.

Essen auf Rädern – ein städtischer Küchenwagen

»Judenzählung« Juden als »Drückeberger« hinzustellen war im Ersten Weltkrieg in bestimmten Kreisen üblich. Offiziere, Politiker und Journalisten behaupteten, dass Juden sich lieber aus dem Staub machten, statt an vorderster Front zu kämpfen. Die im Oktober 1916 angeordnete »Judenzählung« belegte jedoch das Gegenteil, weswegen das Ergebnis während des Krieges geheim gehalten wurde. Denn so konnte das diskriminierende Vorurteil leichter aufrechterhalten werden. Nach dem Krieg wurden die Zahlen erneut geprüft. Sie bestätigten, dass Soldaten jüdischen Glaubens wie alle anderen ihre Pflicht getan hatten.

Jüdischer Feldgottesdienst

Steckrübenwinter 1916/17

Im Herbst 1916 war die deutsche Regierung kaum noch in der Lage, die Bevölkerung zu ernähren. Der Krieg verschlang die letzten Reserven. Die Bauern hatten weniger Kartoffeln als sonst geerntet. Auf dem Land fehlte es an Arbeitskräften, an Kunstdünger und Maschinen. Getreide und Fleisch waren längst Mangelware. Kein Wunder, dass die Versorgung schließlich ganz zusammenbrach. Die Zuteilung von Lebensmitteln auf Karten funktionierte nicht mehr. Die Menschen rannten von Geschäft zu Geschäft, um am Ende doch mit leeren Händen dazustehen.

Wer Geld besaß, konnte auf dem Schwarzmarkt einkaufen, allerdings zu Wucherpreisen. Für den Rest der Bevölkerung blieben die Steckrüben übrig. Davon gab es genug. Der Winter 1916/17 ging so als »Steckrübenwinter« in die Geschichte ein. Es herrschte bittere Kälte, viele erfroren oder starben an Unterernährung.

Der Hunger vergrößerte die Kluft zwischen Arm und Reich. Der Geist von 1914 (siehe S. 14) war längst vergessen. Die sozialen Gegensätze entluden sich in Unruhen und Streiks. Rechte Gruppierungen wie der Alldeutsche Verband suchten nach Sündenböcken. Erneut zeigten sie mit dem Finger auf Juden und verlangten eine »Judenzählung« in der Armee, um die jüdischen Männer als Drückeberger zu verunglimpfen. Diese hatten jedoch wie andere tapfer gekämpft und konnten für den Kriegsverlauf nicht verantwortlich gemacht werden. In der SPD brachen alte Gegensätze auf. Der linke Flügel forderte lautstark ein Ende der Kämpfe, der rechte Flügel setzte auf Friedensbemühungen und Ausgleich.

Kriegsversehrte Zur Hungersnot kam noch ein anderes Problem: Deutschland musste mit einer ständig wachsenden Zahl von Kriegsversehrten zurechtkommen. Lazarettzüge brachten die Schwerverletzten in die Heimat zurück. Dort waren die Krankenhäuser dem Ansturm nicht gewachsen. Die an der Front eingesetzten Waffen führten zu schlimmen Verletzungen, insbesondere an Armen und Beinen. Granatsplitter und Schrap-

Mir jagte eine Kugel wie ein Donnerschlag durch den linken Unterschenkel. Das Blut füllte den Stiefelschaft. Neben mir lag ein Kamerad … Neben einem Bauchschuss hatte er noch einen Schuss durch den Kopf und Kiefer und einen Granatsplitter durch den linken Unterarm bekommen, der die Hand fast abgerissen hätte.

Karl Kenkel, Lehrer, über Verwundungen, die er sich in der Nähe von Reims zugezogen hatte. Kenkel fiel 1918 bei Amiens

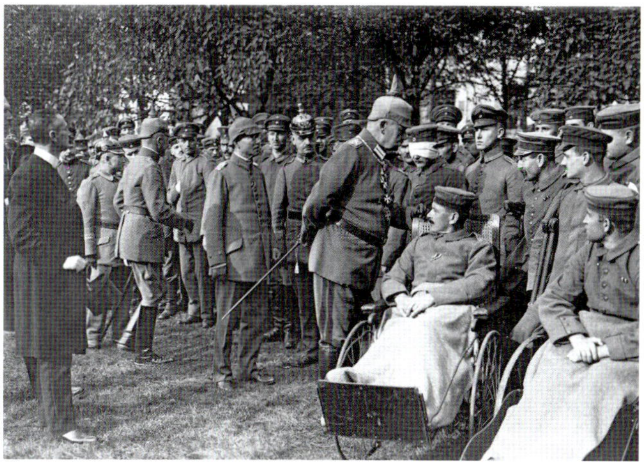

Paul von Hindenburg besucht Kriegsversehrte an der Ostfront.

nells – das sind mit Zeitzünder versehene Sprengladungen – zertrümmerten Knochen, Gelenke, Schädel und Gesichter. In manchen Lazaretten gab es keine Spiegel. Den Verwundeten sollte der eigene Anblick erspart bleiben. Bauchschüsse, Lungensteckschüsse, Erblindungen – die Verletzten litten entsetzliche Qualen.

Da es bestimmte Medikamente zur Abwehr von Entzündungen noch nicht gab, amputierten die Ärzte vorsorglich ganze Gliedmaßen. In der Heimat stand den Kriegsopfern nicht selten ein Leben am Rande der Gesellschaft bevor. Von »Verkrüppelung« war die Rede. An der Front versuchten die Ärzte manchmal, Angehörige per Brief darauf vorzubereiten, dass sie nicht einen stolzen Krieger erwarten sollten, sondern einen gebrochenen Mann, dem ein Arm oder Bein oder gar beides fehlte.

Deutsche Vaterlandspartei Die Kräfte in Deutschland, die den Krieg angezettelt hatten, sahen 1917 ihre Felle davonschwimmen. Denn der Sieg rückte in weite Ferne. Also wurde, um das Blatt zu wenden, eine rechtsradikale Bewegung ins Leben gerufen: die »Deutsche Vaterlandspartei«. An die Spitze stellte sich Alfred von Tirpitz, der ehemalige Chef des Reichsmarineamtes, unterstützt von judenfeindlichen Politikern, Großgrundbesitzern und Wirtschaftsbossen. Sie alle riefen nach einem »starken Mann«, der gegen linke Parteien und Gewerkschaften vorgehen, den Kaiser notfalls ersetzen und im Krieg auf totalen Sieg setzen sollte. Die Partei wurde zum Sammelbecken von Rechtsradikalen, die nach 1919 der ersten Demokratie in Deutschland das Leben schwer machte.

Kein seltenes Bild mehr: Beinamputierte Männer, die auf Krücken angewiesen sind

Krieg zur See

Skagerrak und U-Boot-Krieg

Eine klare Entscheidung über den Ausgang des Ersten Weltkriegs gab es weder zu Lande noch zur See. Daran änderte auch die größte Seeschlacht nichts, die Großbritannien und Deutschland im Frühsommer 1916 am Skagerrak, dem Meeresarm zwischen Norwegen und Jütland (Dänemark), austrugen. Die deutsche Marine versuchte zunächst, britische Flottenverbände in einen Hinterhalt zu locken. Der Plan misslang, weil der Gegner die deutschen Funksignale entschlüsseln konnte.

Die britische Marine verlor zwar eine Reihe von Schiffen, darunter den Kreuzer *Queen Mary*. Von den 1250 Männern an Bord überlebten nur neun. Aber auch die deutsche Marine meldete Verluste. Sie gab die bei den Gefechten schwer beschädigte *Lützow* auf, indem sie das Schiff selbst versenkte. Die Besatzung war vorher gerettet worden. Beim Untergang der *Pommern* verloren alle 2551 Marinesoldaten ihr Leben. Es war ein kurzer, heftiger Schlagabtausch, der am Kräfteverhältnis der beiden Seestreitkräfte nichts änderte. Die Schlacht am Skagerrak endete unentschieden.

Die *Queen Mary* sinkt.

Die anwachsende antideutsche Stimmung in England richtete sich auch gegen König und Königin, die beide deutsche Vorfahren hatten. Georg V. von Sachsen-Coburg und Gotha (seit 1840 der Name des englischen Königshauses) kappte seine deutschen Wurzeln. Im Juli 1917 rief er das »Haus Windsor« aus und ließ deutsche Namen und Titel löschen.

U-Boot-Technik Die deutsche Marine stand dem Bau von U-Booten lange ablehnend gegenüber. Das Heranschleichen an feindliche Schiffe unterhalb der Wasseroberfläche galt schlicht als feige. Daher baute das Unternehmen Krupp Anfang des 20. Jahrhunderts im Alleingang auf der Germaniawerft in Kiel ein Unterseeboot. Das Kieler Versuchsboot *Forelle* entstand unter strenger Geheimhaltung. Als es 1903 seine Testfahrten absolviert hatte, verkaufte Krupp drei Exemplare nach Russland. 1906 stellte die kaiserliche Marine dann ihr erstes U-Boot in Dienst, und zwar unter der Bezeichnung *SM U1*: Seiner Majestät Unterseeboot 1.

Kanoniere richten ein Geschütz auf dem Deck eines U-Boots.

Dardanellen In einer weiteren Seeschlacht hatten die Alliierten den Kürzeren gezogen. Ab Februar 1915 versuchten englische und französische Kriegsschiffe fast ein Jahr lang, die von der Türkei besetzte Meeresenge der Dardanellen zwischen dem Marmarameer und dem Ägäischen Meer zu erobern. Sie nahmen die türkische Halbinsel Gallipoli unter heftigen Beschuss, mussten sich jedoch im Januar 1916 unter großen Verlusten zurückziehen. Insgesamt über 100 000 Tote und 250 000 Verwundete forderte die Schlacht.

Ein deutsches U-Boot versenkt den Passagierdampfer *Lusitania*. Rechts: US-Opfer der *Lusitania*

Wunderwaffe U-Boot Schon vor der Schlacht am Skagerrak war ein Marinefahrzeug in den Blickpunkt der Militärs gerückt, das den großen Schlachtschiffen als angebliche »Wunderwaffe« schon bald den Rang ablaufen sollte: das Unterseeboot. Deutsche U-Boote hatten den Alliierten bereits empfindliche Verluste beigebracht. Sie griffen auch Fracht- und Passagierschiffe an und versenkten sie, darunter den britischen Passagierdampfer *Lusitania*. Unter den etwa 1200 Reisenden waren über 100 Amerikaner. Diese Angriffe führten zu heftigen Konflikten mit der amerikanischen Regierung, die mit dem Abbruch der diplomatischen Beziehungen drohte.

Wegen der Rückschläge des Heeres an der Westfront forderten hohe deutsche Militärs immer entschiedener den totalen U-Boot-Einsatz. Anders sei der Krieg nicht mehr zu gewinnen, behaupteten sie. Der Kaiser stimmte schließlich zu. Im Februar 1917 wurde den Kommandanten der U-Boote gestattet, »alle Schiffe unter Einsatz jeder verfügbaren Waffe ohne Vorankündigung« anzugreifen. Reihenweise gerieten Kriegs- und Handelsschiffe unter Beschuss und sanken, vor allem britische und amerikanische. Noch im Frühjahr 1917 erklärten die USA daraufhin Deutschland den Krieg.

Aufruf zum Militärdienst – das Plakat wurde weltberühmt.

Frieden ohne Sieg?
Bevor die USA sich am Krieg in Europa beteiligten und damit den Grundstein für ihre spätere Rolle als Weltmacht legten, streckte Präsident Woodrow Wilson seine Fühler aus, um zu erkunden, ob ein »Friede ohne Sieg« möglich sei. Sein Vorstoß wurde in London, Wien und auch in Berlin zunächst wohlwollend aufgenommen. Doch die Oberste Heeresleitung stellte sich quer. Der Beschluss zum uneingeschränkten U-Boot-Krieg gegen die Alliierten machte den Vermittlungsversuch Wilsons bereits im Ansatz zunichte. Die USA brachen die Beziehungen zur Regierung in Berlin ab, erklärten im April 1917 Deutschland den Krieg und schickten Truppen an die europäische Westfront.

Ein folgenschweres Telegramm
In Washington sorgte im Januar 1917 ein vom britischen Geheimdienst abgefangenes und entschlüsseltes Telegramm des Auswärtigen Amtes in Berlin für Aufregung. Darin schlug die deutsche Seite für den Fall eines Kriegseintritts der USA der Regierung in Mexiko ein Bündnis vor und stellte dem Land die Rückgewinnung jener Gebiete in Aussicht, die die Vereinigen Staaten sich angeeignet hatten. Es handelte sich um mehrere Bundesstaaten im Süden und Westen der heutigen USA. In Kenntnis dieses Planes fiel es Präsident Wilson leichter, seine Truppen gegen Deutschland in Marsch zu setzen.

Russische Bauernsoldaten, von Offizieren schikaniert, ohne Waffen, halbverhungert, kapitulierten scharenweise.

Karl Marx (1818–1883) Der Philosoph und Wirtschaftswissenschaftler war geistiger Vater vieler Revolutionen im 20. Jahrhundert. Nach seiner Auffassung hatten die Arbeiter durch eine Revolution nichts zu verlieren. Im Gegenteil: Jeder könne frei nach seinen Vorstellungen leben. Die Idee des Kommunismus bedeutete den Bruch mit der bisherigen Geschichte. Die Herrschaft der Fürstentümer, Könige und Großunternehmer sollte durch eine Gesellschaft freier und selbstbestimmter Menschen abgelöst werden.

Straßenkämpfe in Petrograd

Oktoberrevolution Nach der Niederlage im August 1914 bei Tannenberg war das Zarenreich nicht mehr zur Ruhe gekommen. Der provisorischen Regierung gelang es nicht, die Forderungen der Menschen nach Frieden, Land und Brot zu erfüllen. Die Folge: Streiks und Meutereien. Die »Bolschewiki« rissen schließlich Zug um Zug die Macht an sich, zumal die russische Armee sich zum Teil in Auflösung befand. Soldaten gingen einfach nach Hause oder weigerten sich, wie in Petrograd, auf Demonstranten zu schießen. Im allgemeinen Chaos erwies sich der Anführer der Revolution, Wladimir Lenin, als Stratege, der mithilfe seiner Anhänger, der »Sowjets« genannten Räte, eine kommunistische Diktatur errichtete.

Gewaltfrieden mit Russland

Die Ereignisse des Jahres 1917 machen deutlich, dass der Krieg tiefgreifende politische Umwälzungen nach sich ziehen würde. Es waren Umwälzungen, die ein ganzes Jahrhundert geprägt haben und bis heute die Politik mit beeinflussen. Soziale Unruhen, Rebellionen und Aufstände waren die Vorboten einer neuen historischen Epoche. Der Burgfrieden zwischen der Regierung und den Oppositionsparteien in Deutschland (siehe S. 19) zerbrach. Der Krieg beflügelte nämlich eine Lehre, die der Philosoph Karl Marx Mitte des 19. Jahrhunderts im *Kommunistischen Manifest* entwickelt hatte. Marx war davon überzeugt, dass es an der Zeit sei, die Menschen von Ausbeutung und Unterdrückung zu befreien. Er plante eine Form der Gesellschaft, in der alle Menschen gleich sind und privates Eigentum abgeschafft ist – und das hieß Revolution.

Ein Gespenst geht um in Europa, das Gespenst des Kommunismus.

Karl Marx, Philosoph und Vordenker einer neuen Welt, 1848

Der Glaube an eine Revolution bewegte im Ersten Weltkrieg viele Menschen. Hunger, Krankheiten und massenhaftes Kriegselend trieben die Bevölkerung auf die Barrikaden.

Zunächst erlebte das rückständige Russland die Revolution. Dort verfügte Zar Nikolaus II. über eine ähnliche Machtfülle wie der deutsche Kaiser. Im Kampf gegen Deutschland und Österreich hatte der Monarch eine Reihe von Niederlagen einstecken müssen. Die russische Armee war schlecht ausgerüstet. Viele Soldaten wussten gar nicht, wofür oder gegen wen sie kämpften, und besaßen nicht einmal ein Gewehr.

In ganz Russland brodelte es. Armut und Unterdrückung führten zu Massenprotesten. Als Gegenmacht zu den Reichen und Mächtigen bildeten sich Sowjets, das heißt Räte, die in den Fabriken die Kontrolle übernahmen. Die militärischen Rückschläge lieferten schließlich den Funken für eine Revolte, die Zar Nikolaus II. zur Abdankung zwang. Sein Sturz beunruhigte Fürsten und Könige in ganz Europa, weil sie das gleiche Schicksal befürchteten.

Lenin verstand es, die Massen für sich zu gewinnen.

Revolution mit Deutschlands Hilfe Russische Revolutionäre wie Lenin und Trotzki, die sich ins Ausland abgesetzt hatten, warteten bereits ungeduldig auf eine Gelegenheit zur Rückkehr. Ausgerechnet das deutsche Kaiserreich war es, das Lenin von der Schweiz aus in einem verplombten Zugabteil quer durch Deutschland über Schweden nach Russland geleitete. In Berlin hoffte man, durch revolutionären Druck einem Friedensvertrag mit der russischen Regierung näher zu kommen. Lenin stellte sich an die Spitze der sogenannten Bolschewiki, die aus der Sozialdemokratischen Arbeitspartei Russlands hervorgegangen waren. Mithilfe von Arbeiter- und Soldatenräten organisierte er im Herbst 1917 die Oktoberrevolution. Das war die Geburtsstunde der Sowjetunion.

Da den neuen Machthabern in Petrograd ein Bürgerkrieg zwischen den Bolschewiki und den Anhängern des Zaren drohte, konnte Deutschland im Frühjahr 1918 Lenin im Vertrag von Brest-Litowsk (Stadt in Weißrussland) die Bedingungen für einen Frieden diktieren.

Zar Nikolaus II. kurz nach seiner Abdankung 1917

Die Karte zeigt, wie sich im Osten die Front zwischen Mittelmächten und Alliierten von 1914 bis 1918 veränderte.

Der erste Friedensvertrag Durch den Friedensvertrag von Brest-Litowsk wurden Finnland und die Ukraine unabhängig. Die baltischen Länder und Polen lösten sich aus dem russischen Staatsverband und gelangten als quasi selbstständige Staaten unter deutsche Kontrolle. Das Deutsche Reich hatte damit seine Kriegsziele im Osten weitgehend erreicht. Russland war als Gegner ausgeschaltet. Doch an der Westfront gingen die Kämpfe unvermindert weiter.

Die Niederlage

Erich Ludendorff Erich Ludendorff galt in den beiden letzten Kriegsjahren als der »heimliche Diktator Deutschlands«. Kaum ein anderer General besaß so viel Einfluss auf den Kriegsverlauf und die Politik wie er. Die Entscheidung zum uneingeschränkten U-Boot-Krieg ging nicht zuletzt auf ihn zurück. Auch am Sturz von Reichskanzler Bethmann Hollweg war er maßgeblich beteiligt. Ludendorff setzte bis zuletzt auf einen »Siegfrieden«. Das heißt, er sorgte dafür, dass mit allen Mitteln weitergekämpft wurde, obwohl die Niederlage bereits feststand. Nach dem Krieg war sein Name eng verbunden mit der »Dolchstoßlegende«. Wie andere völkische und rechtsradikale Militärs und Politiker behauptete auch er, die Heimat sei der kämpfenden Truppe in den Rücken gefallen und habe sie am Sieg gehindert (siehe S. 50).

Ludendorff (rechts) mit Hindenburg und dem Kaiser, Frühjahr 1918

US-Kriegsschiff mit Kurs auf Europa

Panzerschlachten Der erste Einsatz britischer Panzer während der Schlacht an der Somme im Herbst 1916 blieb weitgehend wirkungslos. Für die stählernen Ungetüme waren Gräben und Bombentrichter noch unüberwindbar. Gut ein Jahr später schickten die Briten fast 500 *tanks*, wie sie die Panzer aus Geheimhaltungsgründen nannten, bei Cambrai ins Gelände und fügten den Deutschen empfindliche Verluste zu. Im Juli und August 1918 durchbrachen britische Panzer die Frontlinien und schlugen die deutsche Infanterie in die Flucht. Die Tanks waren im künstlichen Nebel plötzlich aufgetaucht und lösten Panik aus. Deutsche Panzer kamen erst zum Einsatz, als die Niederlage bereits feststand.

1918: Panzer im Einsatz

Die USA greifen ein

Die Niederlage der russischen Armee versetzte die Oberste Heeresleitung in die Lage, Truppen von der Ostfront in den Westen zu verlegen. Die Militärführer Hindenburg und Ludendorff, die Deutschland inzwischen weitgehend beherrschten – der vom Kriegsverlauf tief enttäuschte Kaiser hatte ihnen längst das politische Feld überlassen –, planten in Belgien und Frankreich neue Angriffe. Das Blutvergießen sollte also weitergehen.

Vor allem Ludendorff war von dem Gedanken besessen, das Blatt noch wenden zu können. Dabei stand spätestens seit der Kriegserklärung der USA gegen Deutschland im April 1917 fest, dass das deutsche Kaiserreich den Kampf nicht mehr gewinnen konnte (siehe Seite 43). Denn nun hatte Deutschland es mit einem mächtigen Gegner zu tun, dessen Truppen frisch und bestens gerüstet waren. Die amerikanischen Soldaten trafen in Europa auf Menschen, die nach den Jahren der Kämpfe, der Entbehrungen und des Hungers kriegsmüde waren und sich nach Frieden sehnten. Das äußerte sich in Streiks, aber auch in Befehlsverweigerung und Meuterei, die es an fast allen Fronten gab. Doch der Stimmungsumschwung und die sich anbahnende sichere Niederlage beeindruckten die Oberste Heeresleitung in keiner Weise.

Letzte Gefechte Noch einmal wurden alle Reserven in Bewegung gesetzt und an die Westfront geschickt. Zunächst kam die deutsche Infanterie in Nordfrankreich ein Stück voran und näherte sich erneut Paris. Aber da es längst an Pferden und Fahrzeugen fehlte, geriet der Nachschub ins Stocken und der Angriff wurde abgebrochen.

Ähnlich erging es den Deutschen auf den anderen Schlachtfeldern in Nordfrankreich und Flandern. Die Stadt Ypern, die Festung Verdun und Gebiete an der Somme wurden erneut von Kämpfen überrollt. Am Fluss Marne rüsteten die Alliierten zum Gegenschlag. Die Briten setzten schwere Geschütze, Flugzeuge und Panzer ein und brachten die Deutschen im August 1918 in große Bedrängnis. Im September griffen die USA mit über einer Million Soldaten in die Kämpfe ein.

Deutsche in britischer Kriegs-gefangenschaft

Rückzug Richtung Heimat Die deutsche Front brach an mehreren Stellen zusammen. Selbst Ludendorff hielt die Rückverlegung der Front für unvermeidlich und sprach von einem »schwarzen Tag des deutschen Heeres«. Denn das Heer schaffte es nicht mehr, eine neue Verteidigungslinie aufzubauen. Unter dem Druck der nachrückenden Alliierten lösten sich die Kampfverbände auf und traten – teils geordnet, teils ungeordnet – den Rückzug Richtung Heimat an. Die Niederlage Deutschlands war besiegelt.

Österreich-Ungarn traf das gleiche Schicksal wie das deutsche Kaiserreich. Nach einer Reihe von Niederlagen, etwa gegen Italien an der Piave-Mündung in Venetien, brach die Donaumonarchie auseinander. Ungarn wurde ein selbstständiger Staat, ähnlich wie andere Länder im Baltikum und auf dem Balkan. Auch das Osmanische Reich, ein weiterer Bündnispartner Deutschlands, zerfiel. Der Nachfolgestaat Türkei erbte mit dem Völkermord an den Armeniern eine schwere politische Last. Seit einem Jahrhundert weigert sich das Land jedoch, dafür die historische Verantwortung zu übernehmen.

Niedergeschlagen: Das kaiserliche Heer zieht sich zurück.

Ein deutscher Pilot rettet sich und seinen Kameraden aus einem brennenden Flugzeug. Tausende Piloten verloren bei den Gefechten ihr Leben.

Eine direkte Folge des Ersten Weltkriegs: die Novemberrevolution 1918 in Deutschland

Die Folgen des Krieges

Je deutlicher sich an der Westfront die Niederlage des Heeres abzeichnete, desto heftiger wurden die Reaktionen in Deutschland. Viele wussten: Die bisherigen Machthaber mit dem Kaiser an der Spitze hatten abgewirtschaftet. Wilder Hass richtete sich gegen Militärs, Großindustrielle und preußische Junker, die als die eigentlichen Kriegstreiber angesehen wurden. Streiks und Unruhen legten das Land lahm.

Meuternde Matrosen waren es, die den entscheidenden Anstoß zur Revolution in Deutschland gaben. Auf den Kriegsschiffen rumorte es schon seit Längerem. Matrosen verweigerten Befehle, lehnten sich gegen ihre Vorgesetzten auf. Durch harte Strafen versuchte die Marineführung, die Ordnung an Bord wiederherzustellen. Zur Abschreckung wurden zwei Matrosen wegen »Aufstandserregung« zum Tode verurteilt und hingerichtet. Das war Öl aufs Feuer der Meuterer.

1918 wurde schließlich zum Revolutionsjahr. Nach der Abdankung des russischen Zaren ein Jahr zuvor scheiterten zwei weitere Monarchien: die österreichische und die deutsche. Wilhelm II. dankte ab und mit ihm die alte Ordnung. Was zunächst folgte, waren bitterste Not, Chaos und ein drohender Bürgerkrieg. »Brüder, nicht schießen!«, hieß es auf Plakaten. Arbeiter- und Soldatenräte versuchten, der Gewalt entgegenzutreten. Vielerorts übten sie bereits die Kontrolle aus. In einigen Städten und Regionen wurden Räterepubliken ausgerufen. Ihre Verfechter wollten die Macht an das Volk zurückgeben. Der linke Flügel der SPD trennte sich als USPD (U steht für »unabhängig«) von der Partei, um einen radikalen Wandel herbeizuführen. Eine Übergangsregierung unter Führung der SPD lenkte das Land jedoch in Richtung Demokratie.

Novemberrevolution in Deutschland

Dolchstoßlegende Bei der Suche nach den Schuldigen für das schmähliche Ende des Ersten Weltkriegs wurde von Hindenburg, Ludendorff und anderen Mitgliedern der Obersten Heeresleitung behauptet, der »siegreichen Armee« sei ein »Dolchstoß in den Rücken« versetzt worden. Die »Dolchstoßlegende« war eine Propagandalüge, um die wahren Ursachen für den verlorenen Krieg – Fehlentscheidungen des Militärs und der politischen Machthaber sowie die militärische Überlegenheit der Alliierten – zu verschleiern und die Verantwortung für die Niederlage auf die Gegner des Krieges, allen voran auf die SPD, abzuwälzen. Es wurde behauptet, die Armee sei »im Felde unbesiegt« geblieben, der Krieg sei nur verloren, weil der bedingungslose Rückhalt in der Heimat gefehlt habe. Diese Botschaft wurde von rechten Kräften dankbar aufgegriffen und spielte dem aufkommenden Nationalsozialismus in die Hand.

Die Dolchstoßlegende war eine dreiste Propagandalüge.

Matrosenaufstand in Kiel

Wilhelm II. an einem Soldatengrab. Der Kaiser entzog sich jeder Verantwortung für die Folgen des Krieges.

Ein vergiftetes Geschenk

Bevor General Ludendorff zurücktreten musste, hinterließ er der künftigen Republik noch ein »vergiftetes Geschenk«. Mit Blick auf die bevorstehende Niederlage überzeugte Ludendorff den Kaiser davon, einen Teil seiner Macht zugunsten einer Regierung aus Mitte-Links-Parteien abzugeben. Neuer Reichskanzler wurde der als liberal angesehene Prinz Max von Baden. Damit erreichte Ludendorff, dass diese Parteien für die Niederlage verantwortlich gemacht werden konnten und am Ende »die Suppe auslöffeln« mussten.

Matrosenaufstand in Kiel Obwohl der Krieg also längst verloren war und sich Ludendorff bei einem Treffen zwischen Kaiser und Oberster Heeresleitung Ende September 1918 dafür ausgesprochen hatte, dem amerikanischen Präsidenten Wilson ein Waffenstillstandangebot zu unterbreiten, wollte die Seekriegsleitung noch in letzter Minute im Alleingang die Ehre der Marine retten. In Wilhelmshaven sollte Anfang November 1918 die deutsche Hochseeflotte zur alles entscheidenden Seeschlacht gegen England auslaufen. Als die Matrosen Wind von dem »Himmelfahrtskommando« bekamen, traten sie in den Streik. Heizer löschten das Feuer im Kessel der Schiffe. Kein Schlachtkreuzer, keine Fregatte bewegte sich mehr vom Fleck. Die Admirale, die im Alleingang gehandelt hatten, mussten klein beigeben. Sie schickten einige Schiffe durch den Kaiser-Wilhelm-Kanal nach Kiel. Dort wurden die Matrosen von Hafenarbeitern stürmisch begrüßt. Die Stadt an der Förde war bereits in Aufruhr. Bald loderte im ganzen Land die Revolution.

Als der Kaiser von den Unruhen hörte, verlangte er nach Truppen, um den Aufstand höchstpersönlich niederzuschlagen. Er musste sich allerdings sagen lassen, dass das Heer sich gerade in Auflösung befand. Seine Getreuen drängten ihn abzudanken. Wilhelm II. reiste mit Gefolge in die Niederlande, wo ihm Exil gewährt wurde. Seine Besitztümer ließ er zurück.

Macht Euch Euren Dregg alleene!

Ausspruch des sächsischen Königs Friedrich August III. bei seiner Abdankung

Es lebe die deutsche Republik Ohne Rücksprache mit dem Kaiser gab Reichskanzler Max von Baden am 9. November 1918 den Thronverzicht Wilhelms II. bekannt. Zugleich übertrug er sein Amt als Regierungschef dem Vorsitzenden der SPD, Friedrich Ebert. Dieser stand einem »Rat der Volksbeauftragten« vor, einer Art Übergangsregierung. Gegen Mittag verkündete Philipp Scheidemann, ebenfalls Sozialdemokrat: »Das alte Morsche ist zusammengebrochen. Es lebe die deutsche Republik!« Kurz darauf rief Karl Liebknecht die »freie sozialistische Republik Deutschland« aus. Die Arbeiterbewegung war gespalten, was in der Folge zu blutigen Kämpfen und Unruhen in Berlin und anderswo führte (siehe S. 56/57).

Friedrich Ebert (1871–1925) Der Vorsitzende des »Rats der Volksbeauftragten«, Sohn eines Schneidermeisters und gelernter Sattler, stieg in der Weimarer Republik zum Reichskanzler und Reichspräsidenten auf. Er war bei Kriegsbeginn ein Verfechter des Burgfriedens, einer Stillhaltetaktik. Als Präsident der neuen Republik ließ er Aufstände von rechts und links mithilfe der Reichswehr niederschlagen.

Während der Novemberrevolution kam es zu zahlreichen Streiks.

Scheidemann ruft die Republik aus.

Die Kanonen schweigen

»Krieg der Illusionen« So heißt ein Buch des Historikers Fritz Fischer über den Ersten Weltkrieg. Im Rückblick wird klar: Die Illusionen der deutschen Kriegsstrategen führten zu einer gigantischen Fehlplanung, die in verbrecherische Handlungen mündete, die wiederum den Tod von Millionen junger Männer sowie Zerstörung und Vernichtung in einem unvorstellbaren Ausmaß zur Folge hatte. Die Annahme, die deutschen Soldaten könnten nach siegreicher Schlacht Weihnachten 1914 wieder zu Hause sein, beruhte entweder auf Dummheit oder bewusster Irreführung. Die Planung zur Vermeidung eines Zweifrontenkrieges erwies sich gleich zu Beginn des Krieges als totaler Fehlschlag. Der Glaube schließlich, den Gegner durch immer neue Schlachten letztlich doch besiegen zu können, kam einem Akt des Wahnsinns gleich. Alle Militärs und Politiker, die dafür verantwortlich waren, machten sich aus dem Staube, allen voran Kaiser Wilhelm II.

Der Zentrumspolitiker Matthias Erzberger wurde zur Zielscheibe des Hasses rechtsradikaler Kreise. 1921 ermordeten ihn rechtsextreme Offiziere.

Waffenstillstandsabkommen

Zwei Tage nach der Ausrufung der deutschen Republik stand diese bereits vor einer riesigen Belastungsprobe. Es galt, mit den Siegern die Bedingungen für ein Ende der Kämpfe festzulegen. Zu diesem Zweck wurden am 11. November 1918 auf einem Bahngleis unweit des französischen Ortes Compiègne Eisenbahnwaggons bereitgestellt. Staatssekretär Matthias Erzberger wurden dort die Bedingungen für einen Waffenstillstand diktiert: Deutsche Truppen sollten Belgien, Frankreich und Lothringen sofort räumen. Das Rheinland sollte besetzt, die Kriegsgefangenen in ihre Heimat gebracht und alle schweren Waffen an die Sieger übergeben werden. England würde seine Seeblockade aufrechterhalten.

Der nationale Leidensweg nach Compiègne war das Schwerste und Bitterste, was mir in meiner amtlichen Tätigkeit auferlegt worden ist. Ich habe aber das Bewusstsein, für unser teures Vaterland gerettet zu haben, was überhaupt zu retten war.

Matthias Erzberger

Erzberger weigerte sich zu unterschreiben. Doch die Oberste Heeresleitung in Berlin drängte auf einen schnellen Abschluss. Im Fall einer Kapitulation Deutschlands wären Schmach und Schande noch größer gewesen und die Alliierten wären ins Deutsche Reich einmarschiert. Hindenburg beauftragte Erzberger, Erleichterungen auszuhandeln. »Gelingt das nicht, so wäre trotzdem abzuschließen.«

Weder Hindenburg noch die anderen Militärs standen zu ihrer Verantwortung für den verlorenen Krieg. Ein General freute sich insgeheim: »Mir konnte es nur lieb sein, wenn bei diesen unglückseligen Verhandlungen, das Heer und die Heeresleitung so unbelastet wie möglich blieben.«

Der Eisenbahnwaggon, in dem das Waffenstillstandsabkommen unterzeichnet wurde, hatte den Alliierten zuvor als Kommandozentrale gedient.

Der Friede von Versailles

Nach dem Waffenstillstandsabkommen in Compiègne im November 1918 dauerte es acht Monate, bis die Siegermächte des Ersten Weltkriegs sich über die Bedingungen eines Friedensvertrages einig waren. Demnach musste Deutschland Elsass-Lothringen an Frankreich und Westpreußen und die Provinz Posen an Polen abtreten und seine Kolonien aufgeben. Panzer, Flugzeuge und Kriegsschiffe mussten ausgeliefert oder zerstört werden, auch ein Großteil der Handelsflotte. Die Heeresstärke wurde auf 100 000 Mann begrenzt, die Marine auf 15 000 Mann. Wilhelm II. und hohe Militärs sollten als »Kriegsverbrecher« überstellt werden (was allerdings nie geschah). Dies und den Zwang zur »Wiedergutmachung« empfand Deutschland als besonders hart: Als Verursacher des Krieges sollte es für alle Schäden und Verluste aufkommen und 269 Milliarden Goldmark zahlen – für das durch den langen Krieg ausgeblutete Land eine kaum zu bewältigende Last.

Der Reichstag lehnte den Vertrag zunächst ab. Ministerpräsident Scheidemann trat mit den Worten zurück: »Welche Hand müsste nicht verdorren, die sich und uns in diese Fesseln legt?« Die Empörung ließ die Siegermächte kalt. Sie setzten Deutschland eine Frist, der sich die neue Regierung und das Parlament schließlich beugten. Den Vertrag unterzeichneten sie am 28. Juni.

Alliierte feiern den Waffenstillstand.

Selbstversenkung: Ohne Waffen lief die deutsche Hochseeflotte Scapa Flow an, eine Bucht südlich der Orkney-Inseln. Dort wurden die Kriegsschiffe versenkt.

Offiziere versuchen, einen Blick in den Spiegelsaal von Versailles zu werfen, wo gerade der Friedensvertrag unterzeichnet wird. Dort sitzen der deutschen Abordnung vom Krieg schwer gezeichnete Soldaten gegenüber – Soldaten ohne Augen, Mund oder Nase.

Gegen den Gewaltfrieden!

Deutsches Volk, nimm keine Friedensbedingungen an, die Dein Leben und Deine Ehre vernichten! Die Bedingungen, die unsere Feinde uns stellen, wollen nur unsere Vernichtung! Setze ihnen ein standhaftes **Nein** entgegen.

Deutsches Volk, wahre Dein Recht! Du hast keine Schuld am Krieg, und man hat Dir schweres Unrecht getan und tut es noch durch einen Gewaltfrieden, der die schlimmste Verhöhnung jeden Rechtes und jeder Menschlichkeit ist. Darauf weise die Feinde und alle Völker hin und wecke ihr Gewissen!

Deutsches Volk, wende Dich ab von den inneren Kämpfen, richte Dich auf und mache Dich nach Außen wieder stark!

Sieh der Wirklichkeit ins Auge. **Unterschreibst Du diese Bedingungen, so begehst Du Selbstmord und verlierst Deine Ehre unter den Völkern für jetzt und für alle Zeiten!**

Ein standhaftes **Nein** nur kann Dich retten, Deine Ehre und Dein Leben! Ein einmütiges und festes **Nein** müssen die Feinde anerkennen und sich ihm beugen!

Auch **ihre** Gewalt und Kampfkraft hat ein Ende!

Deutsches Volk, wähle nicht ein unehrenhaftes Sterben, sondern gehe hindurch durch dieses **Nein!** Nur dies ist Deine Rettung und der Anfang für Dein neues Leben!

Deutschland, wach auf!

Deutsche Volkspartei
Verein Leipzig – für den 29. Wahlkreis.

Das Plakat der Deutschen Volkspartei rief zum Widerstand gegen den »Gewaltfrieden« auf.

Sieger und Verlierer

Amerikanische Kriegsheimkehrer werden jubelnd begrüßt.

Deutsche Kriegsheimkehrer in Berlin

Soldaten im Ersten Weltkrieg Im Ersten Weltkrieg wurden nach einer Untersuchung des Historikers Volker Berghahn über 55 Millionen Soldaten eingezogen. Davon kamen mehr als 7 Millionen ums Leben. Einige der folgenden Zahlen beruhen auf Schätzungen. Die Übersicht enthält nicht die Todesopfer unter der Zivilbevölkerung.

Zahl der von 1914 bis 1918 eingezogenen Soldaten

Osmanisches Reich	1,6 Millionen
USA	4,2 Millionen
Italien	5,5 Millionen
Österreich-Ungarn	6,5 Millionen
Großbritannien*	7,4 Millionen
Frankreich**	7,5 Millionen
Deutschland	11 Millionen
Russland	12 Millionen

Zahl der gefallenen Soldaten

England	0,723 Millionen
Österreich-Ungarn	1,1 Millionen
Frankreich	1,32 Millionen
Russland	1,81 Millionen
Deutschland	2,03 Millionen

* Kolonien sowie Indien, Neuseeland und Australien eingeschlossen
** einschließlich Kolonien

Das Leben nach dem Krieg

»Als der Krieg vorbei war, befand ich mich in einem Graben. Die Deutschen gegenüber kletterten aus ihrem heraus, verbeugten sich in unsere Richtung und gingen davon. Das war's. Wir hatten nichts, womit wir hätten feiern können – außer Zwieback.«

Der englische Unteroffizier, der diese Zeilen schrieb, verließ das Schlachtfeld als Sieger – ähnlich wie seine französischen, kanadischen, amerikanischen und anderen Kameraden aus aller Welt, die aufseiten der Alliierten gekämpft hatten. In ihrer Heimat wurden sie jubelnd begrüßt. Bei aller Trauer um die gefallenen Soldaten und trotz der allgemeinen Not empfanden sie Freude und Stolz. Sie hatten überlebt und waren überzeugt, nicht vergebens gekämpft zu haben.

Kriegsheimkehrer Ganz anders die deutschen Soldaten. Mit gemischten Gefühlen verließen sie das Schlachtfeld und marschierten einer ungewissen Zukunft entgegen. In einem Bericht über das Kriegsende heißt es: »Ganz anders als wir es uns in den ersten siegreichen Kriegsjahren ausgemalt hatten, kehrten nun die überlebenden Krieger heim. Gemischte Gefühle der Freude über das endliche Wiedersehen nach langen schweren Jahren und Gefühle der Trauer ob der Demütigung unseres Vaterlandes bewegten Heimkehrende und Daheimgebliebene bei der Ankunft der Krieger.« Der mit überschäumender Begeisterung begonnene Krieg endete für die deutschen Kriegsheimkehrer in Schmach und Schande. Viereinhalb Jahre hatten die Landser gekämpft und fast alles verloren: ihre Gesundheit, ihre Kameraden, die jetzt irgendwo in fremder Erde lagen, und zuletzt die Hoffnung auf ein besseres Leben. Einigen Offizieren wurden bei ihrer Ankunft Rangabzeichen und Orden von der Uniform gerissen. Das waren Einzelfälle, die jedoch von Rechtsradikalen aufgebauscht wurden, um in Deutschland erneut Unfrieden und Hass zu schüren.

Über viele Familien, in denen schon ein oder mehrere Familienmitglieder gefallen, tot (oder längere Zeit vermisst), kam auch hier neuer Kummer, da viele, viele nie heimkehrten.

Auszug aus der Schulchronik der Gemeinde Listrup, Grafschaft Bentheim

Freundlicher Empfang Fast überall empfing die Bevölkerung die Rückkehrer freundlich, manchmal sogar festlich mit Blumen und Fahnen. So hieß es über die Ankunft der Soldaten in Bayern, sie seien herzlich aufgenommen worden. »Die Truppen haben dies Entgegenkommen nach den vorausgegangenen ungeheuren Anstrengungen als wohltuend und dankbar empfunden.« Friedrich Ebert, der erste Mann der neuen Republik, tröstete die Heimkehrer mit den Worten: »Kein Feind hat Euch überwunden!«

Dennoch wog die Last der Niederlage schwer. Die meisten Soldaten, die jetzt die Uniform an den Nagel hängten, hatten keine Aussicht auf Arbeit. Nur wenige Unternehmen stellten ihre früheren Arbeiter wieder ein. Viele der Heimkehrer waren nicht nur durch körperliche, sondern auch durch seelische Schäden gezeichnet. Die Bilder vom grausamen, mörderischen Stellungskrieg ließen sie nicht mehr los.

Die Heimkehr der Kriegsversehrten Der Rückzug der Reichswehr aus den besetzten Gebieten verlief nur selten planvoll und geordnet. Meistens geschah der Aufbruch hastig. Am schlimmsten traf es dabei die Verwundeten in den Lazaretten, die aufgelöst wurden. Bei der Rückkehr waren sie auf die Hilfe ihrer Kameraden angewiesen. Auch wenn der Empfang in der Heimat dann zumeist freundlich ausfiel – die Freude, dass die Männer den Krieg überlebt hatten, überwog zunächst –, so stießen die Heimkehrer doch vielfach auf verzweifelte und verstörte Angehörige, die nicht ein noch aus wussten. Ärzte und Krankenschwestern in den seit Langem schon überlasteten Hospitälern und Krankenhäusern fühlten sich durch den neuerlichen Ansturm von Kriegsverwundeten restlos überfordert. An eine Behandlung seelischer Verwundungen wie des »Kriegszitterns« war nicht zu denken.

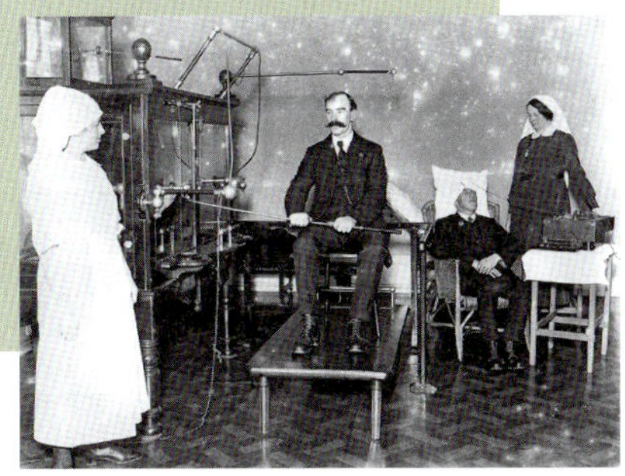

Seelische Schäden: »Kriegszitterer«

Allein in Deutschland belief sich die Zahl der Kriegsverwundeten auf 4,2 Millionen, wie der Historiker Volker Berghahn festgestellt hat. In Österreich-Ungarn waren es 2,6 Millionen, in Großbritannien 2,1 Millionen, in Frankreich 2,7 Millionen und in Russland 4,9 Millionen Verwundete.

Wohlbehalten heimgekehrt – Tausenden von Soldaten war das nicht vergönnt.

Das neue Deutschland

Weimarer Republik

Nationalversammlung Bei den Wahlen zur Nationalversammlung, die über die künftige Verfassung zu entscheiden hatte, errang am 19. Januar 1919 die SPD als stärkste Partei fast 38 Prozent der Stimmen, die USPD 7,6 Prozent. Unter den bürgerlichen Parteien war die Deutsche Demokratische Partei (DDP) mit 18,5 Prozent am erfolgreichsten. Zentrum und Bayerische Volkspartei erzielten zusammen 19,7 Prozent. Die Deutschnationale Volkspartei (DNVP), die das Kaisertum wiederherstellen wollte, gehörte mit 10,3 Prozent zu den Verlierern. Die KPD war nicht angetreten.

In Weimar erreichte Friedrich Ebert sein erstes großes Ziel, die Verabschiedung einer neuen Verfassung im August 1919, die nach dem Tagungsort »Weimarer Verfassung« genannt wird. Seine Partei, die SPD, war besonders stolz auf die darin verankerten »Grundrechte und Grundpflichten« der Staatsbürger, die Möglichkeit zu Volksabstimmungen und das allgemeine, gleiche und geheime Wahlrecht für Bürgerinnen und Bürger ab 20 Jahren.

Nationalversammlung in Weimar

Einige Mitglieder der Nationalversammlung trugen ihre Hoffnungen und Wünsche für die neue Republik in das Gästebuch des Hotels *Zum weißen Schwan* in Weimar ein. »Nie den Mut verlieren!«, heißt es über dem Namenszug des Sozialdemokraten Gustav Noske, der im Januar 1919 mithilfe der Reichswehr einen Aufstand linksextremer Kräfte blutig niedergeschlagen hatte. Damit war der Versuch, in Deutschland eine Revolution nach russischem Vorbild durchzusetzen, gescheitert und der Weg zur neuen Verfassung frei.

Die Nationalversammlung tagte im Sommer 1919 in Weimar, weil die Lage in Berlin wegen der Unruhen zu unsicher war. Friedrich Ebert, als Reichspräsident erster Mann im Staate, wollte weg aus Berlin: »Das halten ja die stärksten Nerven nicht aus«, soll Ebert geklagt haben. »Wir können in Berlin keine Stunde mehr regieren.«

Spaltung der Arbeiterpartei Zu den großen Belastungen, die der demokratische Neuanfang in Deutschland zu verkraften hatte, gehörte die Tatsache, dass die Arbeiterbewegung gespalten war. Zunächst hatte sich der linke Flügel von der SPD getrennt und als USPD eigene Vorstellungen für die politische Zukunft des Landes entwickelt. Revolutionsführer wie Rosa Luxemburg und Karl Liebknecht traten für eine radikale Umwälzung der Gesellschaft ein. Der »Spartakusbund« wurde zu einer Sammlungsbewegung für solche Kräfte, die ähnliche oder noch weiter gehende Forderungen aufstellten. Aus der Spartakusgruppe ging schließlich Anfang Januar 1919 die Kommunistische Partei Deutschlands (KPD) hervor, die den gewaltsamen Umsturz nach russischem Vorbild anstrebte. Die Anhänger der Räterepubliken, die im Gefolge der Novemberrevolution in Deutschland entstanden, traten dagegen für eine direkte Demokratie ein. Das heißt, die Arbeiter in den Fabriken und die übrige Bevölkerung sollten an der Basis entscheiden.

Freiheit nur für die Anhänger der Regierung, nur für die Mitglieder einer Partei – mögen sie auch noch so zahlreich sein – ist keine Freiheit. Freiheit ist immer nur die Freiheit der anders Denkenden.

Rosa Luxemburg

Rosa Luxemburg (1870–1919)
Die aus Polen stammende Sozialistin setzte sich für einen radikalen politischen Wandel ein. Als Mittel der Veränderung forderte sie Massenstreiks. Sie vertrat den linken SPD-Flügel, entfernte sich jedoch immer weiter von der Partei. Ihre ablehnende Haltung zum Krieg führte schließlich zum Bruch mit der SPD. Spartakusbund und KPD, die sie mitbegründete, wurden zu ihrer politischen Basis, bis rechtsradikale Offiziere sie ermordeten.

Rosa Luxemburg (rechts) mit ihrer politischen Weggefährtin Clara Zetkin

Barrikadenkampf in Berlin

Das Ende der Revolution In einem Punkt waren sich die in Berlin regierende SPD und die geschlagene Reichswehr einig: Die russische Oktoberrevolution von 1917 sollte sich in Deutschland nicht wiederholen. Anfang Januar 1919, wenige Tage nach der Gründung der KPD, besetzten bewaffnete Aufständische in Berlin Druckereien und Verlagsgebäude. Im Verlauf einer Beratung von USPD und KPD rief Karl Liebknecht zum Sturz der SPD-Regierung auf. Der Rat der Volksbeauftragten – eine Art Übergangsregierung, der Friedrich Ebert vorstand –, sah sich einer offenen Revolte gegenüber. Der Sozialdemokrat Gustav Noske bekam den Auftrag, den Aufstand mithilfe der Reichswehr niederzuschlagen. Es gab zahlreiche Tote; manche Quellen sprechen von über 150. Auch die rechten »Freikorps«, die sich aus versprengten Soldaten gebildet hatten und Rache für die Niederlage im Krieg üben wollten (siehe S. 58/59), fühlten sich aufgerufen, der Revolution ein blutiges Ende zu bereiten.

Das Wappen der Republik

Mord an politischen Gegnern Obwohl der Aufstand am 12. Januar 1919 niedergeschlagen war, dauerte das Morden noch an. Zu den prominentesten Opfern gehörten Rosa Luxemburg und Karl Liebknecht. Luxemburg wurde mit einem Gewehrkolben erschlagen und dann in den Landwehrkanal geworfen. Auch Kurt Eisner, als Vorsitzender des Arbeiter-, Soldaten- und Bauernrates zugleich Ministerpräsident in Bayern, fiel einem Anschlag zum Opfer. Der Ausgang der Revolution begründete eine das ganze 20. Jahrhundert andauernde Feindschaft zwischen Sozialdemokraten und Kommunisten. Vor allem die KPD sah in der SPD ihren ärgsten Gegner und verkannte die Gefahr, die der jungen Republik von rechts drohte.

Karl Liebknecht

Berlin schwankte zwischen Revolution und Republik.

Das neue Deutschland

Republik am Abgrund

Der Weimarer Republik blieb keine Atempause vergönnt. Die SPD, die auf den Trümmern des Kaiserreichs einen demokratischen Neuanfang wagte, stand unter massivem Druck – von Kommunisten und Rechtsradikalen. Viele Soldaten, die den Übergang in ein Leben mit Beruf und Familie nicht schafften, schlossen sich den Freikorps an. Das waren »verschworene Haufen«, die alles bekämpften, was politisch links oder liberal war. Ihren Anführern – zumeist Offiziere – waren die Freikorps blind ergeben. Im Hintergrund standen fanatische Politiker, die auch vor Mord nicht zurückschreckten. Matthias Erzberger, Walther Rathenau und andere demokratische Politiker wurden Opfer rechter Gewalt.

Putsch und Generalstreik Rechtsradikale Kräfte nutzten die Dolchstoßlegende (siehe S. 50) für ihre Propaganda und beschimpften Regierungspolitiker als »Verbrecher« und »Vaterlandsverräter«. Dazu schrieb der Historiker Gerd Krumeich: »Die Dolchstoß-These war ätzendes Salz in der Wunde der Niederlage, und die Rechte machte aus dieser Behauptung das Zentrum der Angriffe gegen die Republik.«

Als weitere Angriffsfläche diente der Versailler Friedensvertrag, der wahlweise als »Schandfriede« oder »Friedensdiktat« bezeichnet wurde. Die im Vertrag vorgeschriebene Verringerung des Reichsheers auf 100 000 Mann nahmen rechte Politiker und Militärs im März 1920 zum Anlass zu putschen. Die Regierung floh nach Dresden, dann nach Stuttgart. Die Gewerkschaften riefen zum Generalstreik auf, um den Putschisten das Wasser abzugraben – mit Erfolg.

Freikorps Als der Krieg zu Ende war, bildeten sich in Deutschland zahlreiche Freikorps unterschiedlicher Größe und Ausrichtung. Das waren Freiwilligenverbände, die aus Resten der kaiserlichen Armee sowie versprengten Soldaten entstanden. Die meisten ihrer Anhänger stellten sich gegen die Weimarer Republik. Bei der Niederschlagung der Münchner Räterepublik standen Freikorps-Soldaten in vorderster Linie. Berüchtigt waren Einheiten wie die »Eiserne Division«, die Regierung und Reichswehr offen den Gehorsam verweigerten. Etwa 200 solcher Verbände gab es, und zwar mit Schwerpunkten in und um Berlin, Mitteldeutschland und Bayern. Nur wenige Freikorps unterstützten den demokratischen Neubeginn.

Kapp-Putsch Um Haaresbreite wäre die demokratisch gewählte SPD-Regierung schon im Frühjahr 1920 von der politischen Bühne gefegt worden. Soldaten der »Marinebrigade Ehrhardt«, die zu den schlagkräftigsten Freikorps gehörte, setzten in Berlin eine Gegenregierung ein. Die Brigade verweigerte den Befehl zur Auflösung, wie der Vertrag von Versailles es verlangte, und verbündete sich mit dem rechtsextremen Politiker Wolfgang Kapp, dem Gründer der DVP. Nach ihm wurde der Putsch später benannt. Ein Generalstreik, der sich gegen den Kapp-Putsch richtete, ließ den Umsturzversuch ins Leere laufen.

Soldaten proben den Aufstand.

Hitlers Aufstieg Die Krisen der Weimarer Republik machten den Aufstieg Hitlers überhaupt erst möglich. Nach dem Ersten Weltkrieg kam er mit der rechtsextremen Deutschen Arbeiterpartei (DAP) in Kontakt, die er mit seinen Sprüchen gegen Juden, Bolschewisten und »Vaterlandsverräter« beeindruckte. Die DAP formte er zur NSDAP, der Nationalsozialistischen Deutschen Arbeiterpartei, um. Sein Putschversuch im November 1923 brachte ihm fünf Jahre Festungshaft ein. Durch eine Amnestie, also eine Begnadigung, kam er auf freien Fuß.

Bis zur Weltwirtschaftskrise im Oktober 1929 blieb die NSDAP eine unbedeutende Partei. Der Absturz der Wirtschaft mit Millionen von Arbeitslosen verschaffte den rechtsradikalen Kräften Auftrieb. Bei den Wahlen 1930 wurde die NSDAP zweitstärkste Partei. Hitler war in den Augen vieler Deutscher der kommende Mann. Die größten Verbrechen des 20. Jahrhunderts sind mit seinem Namen verbunden: Krieg und Völkermord.

Die Rechte marschiert Gleichzeitig verschlechterte sich die Wirtschaftslage dramatisch. Die Geldentwertung geriet außer Kontrolle. Viele besaßen nichts mehr. Sie hatten ihre Ersparnisse dem sinnlosen Krieg geopfert. Als Frankreich und Belgien 1923 das Ruhrgebiet besetzten, stand die Republik wieder am Abgrund. In München rief ein ehemaliger Kriegsteilnehmer zum »Marsch auf Berlin« auf: Der gescheiterte Kunstmaler Adolf Hitler hatte vier Jahre als Meldegänger gedient, war zweimal verwundet und für seinen Einsatz ausgezeichnet worden. Dieser Mann, ein ehemaliger Obdachloser, versprach, die »Schande von Versailles« – gemeint war der Friedensvertrag, zu dem Deutschland gezwungen worden war (siehe S. 52/53) – zu tilgen.

Der Marsch endete an der Münchner Feldherrnhalle. Hitler versuchte zu fliehen, wurde festgenommen und zu einer Haftstrafe verurteilt. Sein Ziel, die Weimarer Republik zu zerstören, verlor er nie aus den Augen. Ende Januar 1933 hatte er es tatsächlich erreicht: Reichspräsident von Hindenburg, einer der Hauptverantwortlichen des Ersten Weltkriegs, ernannte ihn zum Reichskanzler.

Frühe Nationalsozialisten, 1924

Ein riesiger Schuldenberg Als der Krieg zu Ende war, lag die deutsche Wirtschaft am Boden. Die auf Rüstung umgestellten Großunternehmen fanden für ihre Produkte keine Abnehmer mehr. Hoch entwickeltes Kriegsgerät war das, was das Land jetzt am wenigsten brauchte. Die Reichsmark verlor immer mehr an Wert. Ein riesiger Schuldenberg türmte sich auf. An eine Rückzahlung der Kriegsanleihen war nicht zu denken. Die Verbitterung der Menschen, die ihr Erspartes für die Anleihen zusammengekratzt hatten, nahm in den Novembertagen des Jahres 1918 immer mehr zu. In den Wirren der Revolution Lohn und Brot zu finden (siehe S. 54/55), war fast unmöglich.

Deutschland in den neuen Grenzen nach Ende des Ersten Weltkriegs

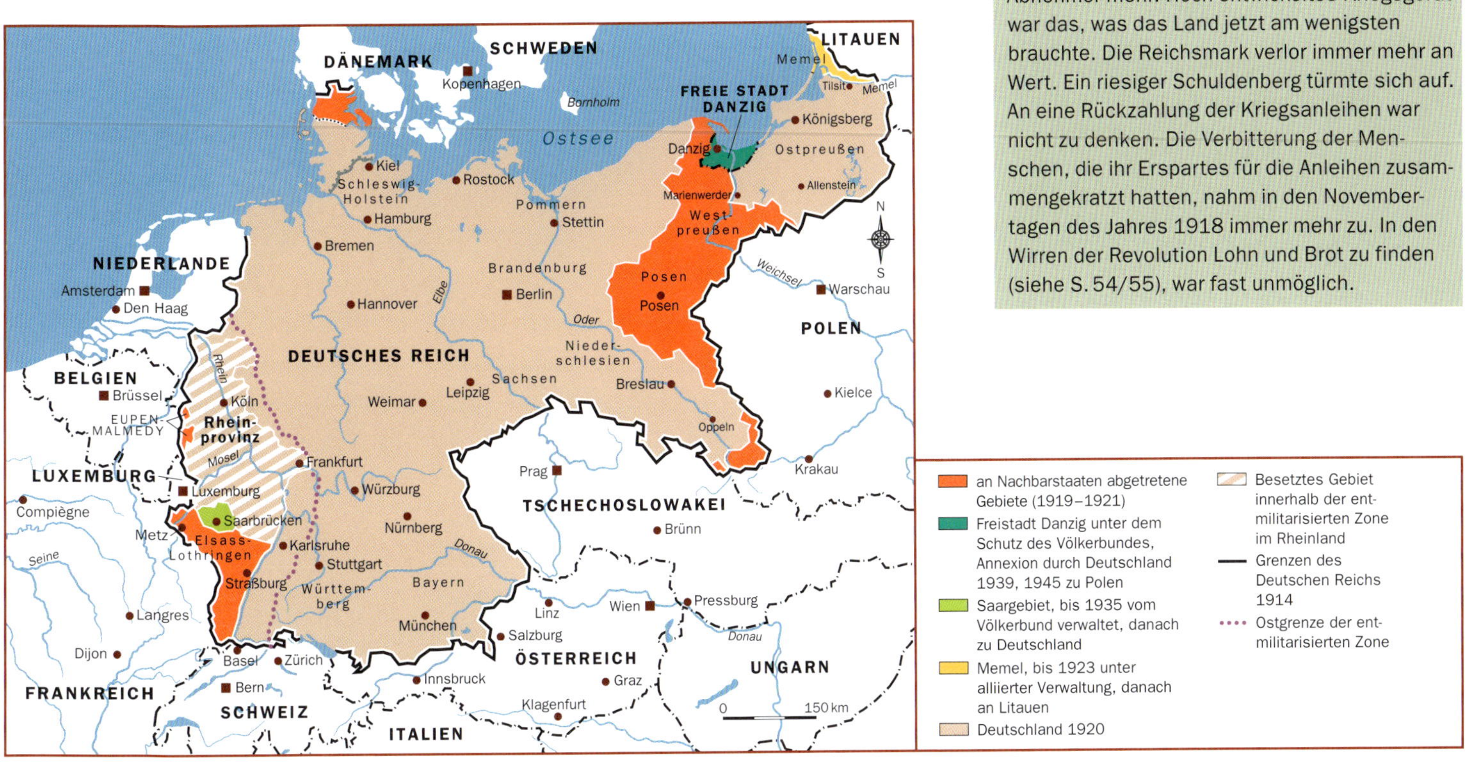

Nie wieder Krieg!

Die Angst vor der Revolution Die Sozialdemokraten, die 1918 das katastrophale Erbe des Kaiserreichs antraten, begingen gleich zu Beginn ihren größten Fehler. Das war das Bündnis mit der alten Macht, die – obwohl längst abgewirtschaftet – zu Hilfe gerufen wurde, als es galt, im Januar 1919 die offene Revolte zu beenden. Dieses Bündnis zwischen SPD und Reichswehr wirkte auf die Feinde der Demokratie, insbesondere die Freikorps, wie ein Weckruf. Danach war es äußerst schwierig, die Armee auf die neue Staatsform zu verpflichten. Führenden SPD-Politikern wie Ebert und Scheidemann fehlte offenbar die Kraft, mit der alten Ordnung radikal zu brechen. Sie scheuten das revolutionäre Fahrwasser und überließen es anderen Gruppierungen. Erschwerend wirkten zudem das fehlende demokratische Bewusstsein der Bevölkerung und die Belastungen, die der Versailler Friedensvertrag Deutschland aufbürdete.

Albert Einstein bei einer Antikriegsdemonstration in Berlin 1923

Adolf Hitler und Paul von Hindenburg 1933 in Tannenberg

Europa nach dem Krieg Mit dem Ende des Ersten Weltkriegs kehrte die von den Menschen in Europa so sehnlichst erwartete Phase der Ruhe und Stabilität nicht ein. Armut, Arbeitslosigkeit, Rebellion und Bürgerkrieg waren an der Tagesordnung. In Russland herrschten Terror und Gegenterror. Zar Nikolaus II. und seine Familie wurden ermordet. Die Kommunisten führten einen heftigen, lang andauernden Kampf gegen dessen Anhänger. In England und Frankreich wurde das ganze Ausmaß von Tod und Zerstörung erst sichtbar, als die Waffen schwiegen. Überall fehlten die jungen Männer, die zu Hunderttausenden gefallen waren. An den Universitäten Oxford und Cambridge zum Beispiel hatte ein Viertel aller Studenten unter 20 Jahren den Krieg nicht überlebt. Den Menschen in Österreich, Ungarn und in den anderen vom Krieg heimgesuchten Ländern Ost- und Südosteuropas erging es ähnlich. Den Vereinigten Staaten ermöglichte der Krieg dagegen unverhofft den Aufstieg zur Weltmacht.

Das schwache Fundament der Demokratie

Am 3. Oktober 2010 überwies die Bundesrepublik Deutschland die letzte Rate zur Tilgung der Schulden aus dem Ersten Weltkrieg. Der Gesamtbetrag von etwa 72 Millionen Euro war vergleichsweise gering im Vergleich zu der ursprünglichen Summe von 269 Milliarden Goldmark, die Deutschland laut einer Auflage im Gefolge des Versailler Vertrages entrichten sollte. Die Kriegsschuld wurde im Laufe der Jahrzehnte immer wieder neu verhandelt, bis sie im Jahre 1953 aufgehoben wurde. Allerdings blieb ein Restbetrag für den Fall einer Wiedervereinigung Deutschlands, der zunächst nicht sehr wahrscheinlich schien und 1990 dann doch eintrat.

Die Überweisung der letzten Rate zur Tilgung der Kriegsschulden zählt eher zu den Fußnoten der Geschichte des Ersten Weltkriegs. Viel wichtiger sind Fragen nach den Ursachen und Folgen des Krieges, nach den Schuldigen und Verantwortlichen.

Friedensbewegung ... Anfang der 1920er-Jahre entstand die Nie-wieder-Krieg-Bewegung. In einem Bericht über eine machtvolle Kundgebung im Berliner Lustgarten heißt es: »Da es noch keine Lautsprecher gab, brauchte man Dutzende von Rednern, die von verschiedenen Punkten aus zur Menge sprachen. Albert Einstein gehörte oft zu ihnen, man jubelte dem großen Gelehrten und Friedensprediger begeistert zu.«

... und neue Kriegstreiber Die Antikriegsbewegung geriet jedoch schon bald unter die Räder einer Gegenbewegung von rechts. Durch Putschversuche und Mordanschläge zerstörten die Feinde der Republik die ohnehin schwachen Fundamente der Demokratie, der es an Unterstützern und Vorkämpfern fehlte. Nach dem Scheitern der Weimarer Republik steuerte Deutschland erneut auf eine Katastrophe zu. NS-Diktatur und Zweiter Weltkrieg – das Land wurde von einer Gruppe von Verbrechern mit Hitler an der Spitze regiert. Und Millionen von Deutschen hielten dieser Clique bis zum Untergang des »Dritten Reichs« die Treue.

Roter Mohn wurde zum Symbol des Blutes, das auf den Feldern Flanderns vergossen wurde. Stilisierte Mohnblumen, *Poppys* genannt, werden in Großbritannien alljährlich Anfang November zur Erinnerung an die Kriegstoten getragen.

Ein Dreißigjähriger Krieg? Manche Historiker sehen einen ursächlichen Zusammenhang zwischen dem Ersten und dem Zweiten Weltkrieg und kommen daher zu dem Ergebnis, es habe sich im Zeitraum 1914–1945 um einen »Dreißigjährigen Krieg« gehandelt. Tatsächlich gibt es viele Gemeinsamkeiten: die Großmannssucht, der Drang, andere Länder zu unterjochen und auszubeuten, das Versagen demokratischer Parteien sowie der Kirchen, ferner der Untertanengeist und die gegen Juden, Linke und Gewerkschaften gerichteten Feindbilder. Was beide Kriege unterscheidet, wird nicht nur an der jeweils unterschiedlichen Zahl der Toten und Verwundeten deutlich. Kaiser Wilhelm II. und seine Militärs führten zwar auch Krieg gegen die halbe Welt. Aber Hitler betrieb darüber hinaus mithilfe »williger Vollstrecker« eine Politik der Ausrottung europäischer Juden, die in der Geschichte ohne Beispiel ist. Wie 1918 waren es dann 1945 wiederum alliierte Truppen, die den Diktator stoppten.

Mohnblumen an einer Gedenktafel zum Ersten Weltkrieg

Friedhof mit 15 000 Gräbern vor dem Beinhaus von Douaumont

Wann wird man je verstehn »Soldatengräber sind die großen Prediger des Friedens«, sagte Albert Schweitzer, der Arzt, Theologe und Menschenfreund. Wie viele Soldatengräber braucht es noch, damit die Botschaft des Friedens ankommt? Zwischen den Kreuzen auf den Totenfeldern des Ersten Weltkriegs in Flandern und Nordfrankreich blüht alljährlich wieder der rote Mohn. Historiker schätzen die Zahl der Toten im Ersten Weltkrieg auf 20 Millionen. Im Zweiten Weltkrieg waren es über 55 Millionen Tote. Wie viele Millionen Menschen Opfer späterer Kriege wurden, wissen wir nicht. Aber Zahlen sind wie leere Blätter. »Wann wird man je verstehn?«, fragte Marlene Dietrich in dem Lied *Sag mir, wo die Blumen sind,* das als Antikriegslied um die Welt gegangen ist.

Sag, wo die Soldaten sind,
wo sind sie geblieben?
Sag, wo die Soldaten sind,
was ist geschehn?
Sag, wo die Soldaten sind,
über Gräbern weht der Wind.
Wann wird man je verstehn,
wann wird man je verstehn?

Sag mir, wo die Blumen sind,
4. Strophe

Helmut Kohl, der damalige deutsche Bundeskanzler, und der französische Präsident François Mitterrand 1984 in Verdun während einer Feierstunde zum Gedenken an die Gefallenen beider Weltkriege. Die Versöhnung beider Länder war ein langer Prozess.

Glossar, Chronik und Tipps

Worterklärungen

Alldeutscher Verband Bewegung völkischer, rechtsradikaler Kreise, gegen Juden, für deutsche Großmachtpolitik
Alliierte Verbündete im Ersten Weltkrieg: Frankreich, England, Russland
antisemitisch judenfeindlich
Artillerie mit Geschützen ausgerüstete Truppe
Balkan-Bund 1912 gegen die Türkei gerichtetes Bündnis aus Serbien, Bulgarien, Griechenland, Montenegro
Bolschewiki aus der Sozialdemokratischen Arbeiterpartei Russlands hervorgegangene Mehrheitspartei, Trägerin der Oktoberrevolution von 1917
Brigade Truppenverband verschiedener Waffengattungen
Bürgerkrieg Kampf zwischen Bewohnern eines Staates
Burgfrieden Stillhalteabkommen auf Zeit zwischen Parteien bzw. Regierung und Opposition
Dolchstoßlegende falsche, von rechtsradikalen Kreisen jedoch ständig wiederholte Behauptung, der Krieg sei nicht auf dem Schlachtfeld verloren worden, sondern »durch einen Dolchstoß in den Rücken der siegreichen Armee« vor allem durch die SPD
Donaumonarchie Doppelmonarchie aus Österreich und Ungarn, zwei Reichshälften mit gemeinsamer Finanz-, Außen- und Kriegspolitik, 1918 aufgelöst
Entente einvernehmliche Politik zunächst zwischen Frankreich und England, dann unter Einbeziehung Russlands, gemeinsame Front gegen Deutschland und Österreich-Ungarn im Ersten Weltkrieg
Freikorps Freiwilligenverbände, entstanden nach dem Ersten Weltkrieg aus versprengten Soldaten und Gegnern der Weimarer Republik
Front Kampfgebiet, gegen den Feind gerichtete Aufstellung von Truppen
Generalstab Gruppe hoher Offiziere, die Heeresleitung und Oberbefehlshaber zuarbeiteten
Infanterie bewegliche Bodentruppe, im Ersten Weltkrieg wichtigster Teil des Heeres
Kapitulation Ende der Kämpfe, verbunden mit dem Eingeständnis der Niederlage
Kapp-Putsch Aufstand rechtsgerichteter Militärs und Politiker gegen die Weimarer Republik
Kavallerie Reitertruppe
Kriegsanleihen Geldzahlungen der Bevölkerung an den Staat zur Finanzierung des Krieges, im Ersten Weltkrieg über 93 Milliarden Reichsmark
Kriegserklärung Mitteilung an eine feindliche Macht, dass ein militärischer Angriff unmittelbar bevorsteht. Das Haager Abkommen von 1907 verpflichtete jedes Land mit Kriegsabsichten zu einer vorherigen Kriegserklärung.
Landser Bezeichnung für einfachen Soldaten
Lazarett Militärkrankenhaus
Manöver Truppenübung
Marine Seestreitmacht eines Staates
Mittelmächte Deutschland und seine Verbündeten im Ersten Weltkrieg: Österreich-Ungarn, anfangs Italien, zunächst neutral, dann Wechsel zu den Alliierten, Bulgarien, die Türkei
Mobilmachung Truppen in den Kriegszustand versetzen
Nationalversammlung Zusammenkunft von Volksvertretern zur Entscheidung über eine neue Verfassung
Oberste Heeresleitung (OHL) Oberste militärische Kommandozentrale des Heeres. Zur Zeit des Ersten Weltkriegs an der Spitze: Helmuth von Moltke (1914), Erich von Falkenhayn (1914–1916), Paul von Hindenburg mit Erich Ludendorff (1916–1918)
Ostfront neben der Westfront der zweite große Kriegsschauplatz; mit Kämpfen Deutschlands gegen Russland und Österreich-Ungarns gegen Balkanländer
Propaganda offizielle Darstellung etwa über Kriegsverlauf, eigene Truppenstärke usw., häufig verfälschend und irreführend
Regiment Truppeneinheit aus ein oder zwei Bataillonen, untersteht Oberst oder Oberstleutnant
Reichskanzler Chef der Reichsregierung, im Kaiserreich vom Monarchen abhängig, in der Weimarer Republik von der Zustimmung des Parlaments
Reichspräsident in der Weimarer Republik Staatsoberhaupt, zunächst Friedrich Ebert (1919–1925), Paul von Hindenburg (1925–1934), danach Adolf Hitler als »Führer und Reichskanzler«
Reichstag im Deutschen Reich 1871–1919 Vertretung des Volkes mit eingeschränkten Befugnissen, 1919–1933 Kontrolle der Regierung und des Haushalts
Reichswehr Streitkräfte des Deutschen Reichs 1921–1935, dann umbenannt in Wehrmacht, umfasste Heer, Marine, Luftwaffe
Rekrut Soldat während der ersten Ausbildung
Reparationen von Besiegten an die Siegermächte zu zahlende Kriegsentschädigungen, nach dem Ersten Weltkrieg zunächst auf 269 Milliarden Goldmark festgesetzt
Schandfriede Schimpfwort rechtsradikaler Politiker für den vom Deutschen Reich und 27 anderen Staaten am 28. Juni 1919 unterzeichneten Friedensvertrag von Versailles
Schlieffen-Plan Strategische Vorkehrungen deutscher Militärs für einen Krieg gegen Frankreich und Russland, 1905 von General Alfred von Schlieffen entwickelt
Schützengraben Graben zum Schutz gegen feindlichen Beschuss
Siegfriedstellung Auffang- und Verteidigungslinie deutscher Truppen im Ersten Weltkrieg von Arras bis nach La Fère (Aisne)
Spartakusbund von der SPD abgespaltener linker Flügel, der die Politik des Burgfriedens und der Vaterlandsverteidigung bekämpfte und 1919 in der KPD aufging
Stellungskrieg Kampfhandlungen in und um befestigte Stellungen, Gegensatz zu Bewegungskrieg
Stoßtrupp kleine, gut ausgerüstete Einheit für besondere Einsätze
Waffenstillstandsabkommen Vereinbarung kriegführender Länder, die Kämpfe einzustellen. Mit dem Waffenstillstand von Compiègne am 11. November 1918 endete der Erste Weltkrieg.
Westfront Kampfgebiet in Westeuropa, vor allem in Belgien und Frankreich

Kurze Chronik des Krieges

1912/13 Balkankriege, Osmanisches Reich geschwächt, Serbien gestärkt, Österreich-Ungarn fürchtet um Einfluss auf dem Balkan.
1914 28. Juni: Österreichs Thronfolger wird in Sarajevo ermordet, im August Beginn des Ersten Weltkriegs, Kriegserklärungen, Truppenmobilisierung, in der Schlacht bei Tannenberg schlägt deutsches Heer russische Truppen, Vielvölkerschlacht in Flandern, deutscher Vormarsch an der Westfront gestoppt
1915 Deutsches Heer setzt in Flandern erstmals Giftgas ein, Stellungskrieg im Westen, Italien erklärt Österreich und der Türkei den Krieg, Beginn der Kämpfe am Isonzo, in Kärnten und Tirol, Bulgarien schließt Bündnis mit dem Deutschen Reich und tritt in den Krieg ein
1916 Kampf um die Festung Verdun, weiter Stellungskrieg, Schlacht an der Somme in Nordfrankreich, schwere Verluste auf beiden Seiten, Rückzug des deutschen Heeres auf Siegfriedstellung, Seeschlacht am Skagerrak
1917 Wende im Krieg, Hungersnot in Deutschland, Kaiser stimmt totalem U-Boot-Krieg zu, Kriegseintritt der USA, erste Unruhen unter den deutschen Matrosen, Oktoberrevolution in Russland
1918 Friedensvertrag von Brest-Litowsk mit Russland, neue Offensive des Deutschen Reichs im Westen, deutsche Front bricht zusammen, Rückzug, Marine plant ein letztes Gefecht, Matrosen verhindern das Auslaufen der Schiffe, Novemberrevolution in Deutschland, Kaiser Wilhelm II. dankt ab und geht nach Holland ins Exil, deutsche Republik ausgerufen, Waffenstillstand in Compiègne
1919 Gründung der KPD, Nationalversammlung verabschiedet in Weimar Verfassung, Friedensvertrag von Versailles, Freikorps planen Mordanschläge

Buchtipps

Herbert Günther *Zeit der großen Worte,* Gerstenberg Verlag, Hildesheim 2014, ab 14 Jahren. Der 14-jährige Paul verliert seinen Vater und seinen großen Bruder im Krieg.

Klaus Kordon, *Die Roten Matrosen,* Gulliver Taschenbuch, Weinheim 2012, ab 14 Jahren. Zwei Jungen erleben im November 1918 den Matrosenaufstand in Kiel.

Michael Marpugo, *Gefährten,* Carlsen, Hamburg 2011, ab 12 Jahren. Die bewegende Geschichte des Pferdes Joey, das 1914 an die Armee verkauft wird und zum Sinnbild des Schreckens, aber auch der Menschlichkeit inmitten des Krieges wird

Maja Nielsen, *Feldpost für Pauline,* Gerstenberg Verlag, Hildesheim 2013, ab 13 Jahren. Pauline erfährt durch einen fast 100 Jahre verspätet zugestellten Feldpostbrief von der berührenden Liebesgeschichte ihrer Urgroßeltern im Ersten Weltkrieg.

Marita de Sterck, *Zuletzt die Hunde,* Oetinger, Hamburg 2012, ab 14 Jahren. Der behütete Notarssohn Viktor macht sich im Dezember 1917 auf die Suche nach seinem davongelaufenen Hund und erlebt dabei die Schrecken des Krieges an der Heimatfront.

H. P. Willmott, *Der Erste Weltkrieg,* Dorling Kindersley Verlag, München 2009, ab 14 Jahren und für Erwachsene. Eine umfassende Darstellung des Krieges. Mit vielen Bilden, Karten und Tabellen

Filmtipps

Gallipoli DVD 2003, ab 12 Jahren. Die Geschichte zweier australischer Soldaten, die 1915 in der Schlacht von Gallipoli kämpfen

Gefährten DVD 2011, ab 12 Jahren. Verfilmung des gleichnamigen Romans von Michael Marpugo

Gesprengte Berge. Der Krieg in den Alpen 1915–1918 DVD 2007, ab 12 Jahren. Der Film dokumentiert den absurden Verlauf des Stellungskriegs in den italienischen Dolomiten.

Jugendbegegnungsstätten

Jugendbegegnungs- und Bildungsstätten in Ysselsteyn (Niederlande) und Lommel (Belgien).
Ysselsteyn: Projektwochen zu verschiedenen Themen, etwa zu Friedenserziehung, Politik, Pflege der Kriegsgräber.
Lommel: Pflege der Kriegsgräber
www.volksbund.de/jugend-bildung/js-jbs.html

Museen und Gedenkstätten

Belgien

In Flanders Fields Museum
Kriegsgerät, Fotos, Videoprojektionen, Tondokumente, Informationen auch auf Deutsch
Grote Markt 34
8900 Ieper
www.inflandersfields.be/de/praktisch-3/besuch

Memorial Museum Passchendaele 1917
Bilder, Filme, nachgebaute Tunnel mit Schlafräumen und Bunker. Webseite des Museums nur auf Englisch und Niederländisch
Ieperstraat 7
8900 Zonnebeke
www.passchendaele.be/eng/museumEN.html

Deutschland

Bayerisches Armeemuseum
Ausstellung von Gemälden, Fotografien und Originalgegenständen wie Stahlhelmen, Nachbildungen bspw. von Schützengräben
Neues Schloss
Paradeplatz 4
85049 Ingolstadt
www.bayerisches-armeemuseum.de

Deutsches Historisches Museum
»Deutsche Geschichte in Bildern und Zeugnissen« mit mehr als 8000 Exponaten, darunter der Bereich »Kaiserreich und Erster Weltkrieg«
Unter den Linden 2
10117 Berlin
www.dhm.de

Deutsches Marinemuseum
Ausstellungsbereich »Zeitalter der Weltkriege 1914–1945«. Begehbare Kriegsschiffe wie Minenjagdboot, U-Boot, Lenkwaffenzerstörer
Südstrand 125
26382 Wilhelmshaven
www.marinemuseum.de

Militärhistorisches Museum
Ausstellungsbereich »1914–1945«. Themenbereiche: Militär und Technologie, ältestes Tauchboot, Militärtechnik
Olbrichtplatz 2
01099 Dresden
www.mhmbw.de

Frankreich

Historial de la Grande Guerre
Neben wechselnden Ausstellungen zeigt das Museum eine Sammlung von über 50 000 Kriegs- und Alltagsgegenständen sowie Plakate aus der Zeit von 1914 bis 1918. Informationen auch auf Deutsch.
Château de Péronne
BP 20063
80201 Péronne
http://de.historial.org/

Verdun Memorial
Gedenkmuseum zum Ersten Weltkrieg. Umfangreiche Ausstellung mit Audio- und Videomaterial. Informationen auch auf Deutsch
1 Avenue Corps Européen
55100 Fleury-devant-Douaumont
www.de.verdun-tourisme.com/file-introduction_musee-1642-DE-V-MEMORIAL-VISITER_SEJOURNER.html

Österreich

Heeresgeschichtliches Museum
Übersicht über das Kriegsgeschehen, ferner Leben und Sterben des Kronprinzen Franz Ferdinand
Arsenal 18
1030 Wien
www.hgm.or.at/ausstellungen.html

Webtipps

www.dhm.de/lemo
Lebendiges Museum Online (LeMo). Gemeinschaftsprojekt Deutsches Historisches Museum Berlin und Haus der Geschichte Bonn. Das Angebot verknüpft informative Texte mit musealen Objekten sowie Film- und Tondokumenten, darunter Ansprachen von Kaiser Wilhelm II. im Original.

www.europeana1914-1918.eu/de
Online-Archiv mit Bildern und Textdokumenten von Privatpersonen aus dem Ersten Weltkrieg mit Erläuterungen (u. a. auf Deutsch).

Quellennachweis*

Volker Berghahn, *Der Erste Weltkrieg,* München 2006

Fritz Fischer, *Griff nach der Weltmacht – die Kriegszielpolitik des kaiserlichen Deutschland 1914/1918,* Düsseldorf 1961

Fritz Fischer, *Krieg der Illusionen. Die deutsche Politik von 1911 bis 1914,* Düsseldorf 1969

Ralf Hochhuth, Hans-Heinrich Koch, *Kaisers Zeiten – Bilder einer Epoche,* München – Berlin 1973

Ernst Jünger, *In Stahlgewittern,* © Klett-Cotta, Stuttgart 1920, 1961, S. 11

Helmut Lensing, *Schulchroniken emsländischer Landkreise und der Grafschaft Bentheim 1914–1918.* Unveröffentlichte Sammlung im Auftrag der Studiengesellschaft für Emsländische Regionalgeschichte

Erich Maria Remarque, *Im Westen nichts Neues,* Berlin 1929, © 1959, 2005, 2013 by Verlag Kiepenheuer & Witsch GmbH & Co. KG, Köln. Der Roman wurde 1930 und 1979 verfilmt.

Heinrich August Winkler, *Der lange Weg nach Westen. Deutsche Geschichte vom Ende des Alten Reiches bis zum Untergang der Weimarer Republik,* München 2002

Karl-Heinz Ziessow, *Der Erste Weltkrieg – Kriegswahrnehmungen und Erinnerungen in der Region,* Cloppenburg 2009

Where Have All the Flowers Gone *(Sag mir, wo die Blumen sind),* dt. Text: Max Colpet, Musik/Text: Huddie Ledbetter, © Folkways Music Pub Co Inc, Rechte für Deutschland, Österreich, Schweiz, Griechenland, Türkei und Osteuropa ESSEX Musikvertrieb GmbH, Hamburg

* Die Angaben über die Verluste im Ersten Weltkrieg weichen in der Literatur stark voneinander ab. Vielfach handelt es sich zwangsläufig um Schätzungen. Die in diesem Buch angegebenen Zahlen beziehen sich weitgehend auf Untersuchungen des Historikers Volker Berghahn.